Archie Clapp

Scheiße, Schatz, die Kinder
kommen nach dir!

W0059842

ARCHIE CLAPP

SCHEISSE, SCHATZ, DIE KINDER KOMMEN NACH DIR!

LAPPAN

1. Auflage 2020

– Originalausgabe –

© 2020 Lappan Verlag in der Carlsen Verlag GmbH,
Oldenburg/Hamburg

ISBN 978-3-8303-3568-9

Text: Archie Clapp
Fotografien: Jean Ferry
Lektorat: Nina Schnackenbeck
Redaktion: Ariane Ossowski
Layout und Herstellung: Monika Swirski
Covergestaltung: Jean Ferry, Monika Swirski

Druck und Bindung: Interak Printing House
Printed in Poland

Folgt uns! facebook.com/lappanverlag
Instagram.com/lappanverlag
www.lappan.de

INHALT

WAS SOLL DER SCHEISS?!

Dieses Buch ist wie Patchwork. Jeder Text steht für sich und lässt sich, je nach individueller Familienkonstellation, mit anderen kombinieren, so dass sich für jeden und jede das passende Große und Ganze ergibt.

Ein Flicken, dessen Muster immer wieder auftaucht, ist mein ERZIEHUNGSTAGEBUCH, in dem ich so ehrlich wie noch nie von meinem Leben als Vater und Berliner und Komiker berichte.

Mittlerweile habe ich drei Kinder mit der tollsten und bewundernswertesten Frau der Welt. Was sage ich, mit der großartigsten Frau des Universums.

Zumindest ihr helfen manchmal PRO-CONTRA-LISTEN, um Sachen besser zu verstehen. Also habe ich mich hingesetzt und versucht, bedeutende Erziehungsfragen auf diese Weise zu beleuchten. Die Ergebnisse sind interessant und nicht selten ziemlich kontrovers.

In meinen Shows lasse ich vom Publikum ERZIEHUNGSFRAGEN aufschreiben, die ich dann humoristisch beantworten darf. Die interessantesten finden sich im Buch.

Ein weiterer Flicken dieses Ratgeberpatchworks sind meine persönlichen TOP-3-LISTEN. Zum Schluss gibt es dann den GROSSEN ERZIEHUNGSTEST. Mit seiner Hilfe kannst du herausfinden, ob du eine Super-Mami oder ein Super-Papi bist oder dir lieber eine Topfpflanze zulegen solltest ...

Und obwohl dieser Erziehungsratgeber keinen vordergründig pädagogischen Anspruch haben soll, teile ich viele hilfreiche Erfahrungen mit euch, die vor allem zwischen den Zeilen zu finden sind.

Jetzt lasse ich meinen Patchworkteppich los, in der Hoffnung, dass er viele Familien bereichern wird.

ALS KOMIKER GEBOREN

Mein Name ist Archie Clapp, ich bin 1985 in England geboren. England – das romantische Land der Exzentriker wie Miss Marple, Elton John und Jack the Ripper.

An meinem ersten Geburtstag kamen wir nach Deutschland. Wir, das waren meine Eltern, meine Schwester Eva und ich.

Mein Vater brauchte länger als meine Mutter, um Deutsch zu lernen – was wahrscheinlich daran lag, dass er Engländer ist und meine Mutter Deutsche.

Mein Vater ist waschechter Kleinkünstler, in den 80er-Jahren verdiente er sein Geld mit Straßenshows. Er stellte sich in die Fußgängerzone und zauberte. Meine Mutter ist studierte Lehrerin, hat sich aber von der Liebe meines Vaters zur Kleinkunst anstecken lassen. Deshalb waren sie oft gemeinsam mit ihren Shows unterwegs.

Meine Schwester und ich haben damals traditionsbewusst ebenfalls jongliert und Tricks gezeigt, vor Publikum oder auch weniger Publikum. Oder gar keinem Publikum. Je nach Wetterlage. Wir sind später sogar nach Berlin auf die Artistenschule gegangen, vom Künstlerdasein bekamen wir nicht genug.

Zurück zu den 80ern. Meine Schwester und ich mischten uns als Kleinkinder oft unter die Zuschauer und sahen uns die Shows unserer Eltern an. Meine Mutter erinnert sich noch gut an eine Szene, in der sie sich von meinem Vater gefesselt in einen Sack hat stecken lassen, um sich anschließend daraus zu befreien. Sie schluchzte und schrie:

„Nein, nein, ich schaffe es nicht!"

Erschrocken fingen meine Schwester und ich an zu weinen, weil wir die dramaturgische Showeinlage unserer Mutter noch nicht verstanden.

Man kann durchaus sagen, dass meine Eltern in politischer Richtung gegen den Strom schwammen. Sie sahen sich selbst als linke Hippies, die die Konsumgesellschaft in Frage stellten. Ihre soziale Einstellung war ihnen wichtig, sie dachten nicht nur an sich, sondern auch an andere. Vor allem an die, die weniger hatten. Bonzen verabscheuten sie, was weniger an deren Spießigkeit als Verschwendungssucht lag. Die fuhren Autos, die die Umwelt verpesteten.

Umweltschutz war meinen Eltern überhaupt sehr wichtig. So konnten sie nur den Kopf schütteln über unsere Nachbarn, die zwar die Grünen wählten, aber im Winter immer die Heizung auf fünf aufdrehten, so dass man im T-Shirt herumlaufen konnte. Mit Wollpulli und Wollsocken die Hände am heißen Tee zu wärmen war doch viel gemütlicher – und auch viel sozialer. Um es warm zu haben, mussten wir nahe zusammenrücken.

Ich bewundere bis heute, dass sie nicht den Weg des geringsten Widerstands gegangen sind, sondern ihren eigenen. Auch wenn der steiniger war. So war ihnen ihre Freiheit wichtiger als eine Festanstellung und eine scheinbare gesellschaftliche Akzeptanz. Vieles haben sie hinterfragt und waren äußerst konsequent in der Umsetzung ihrer Ideale. So auch beim Thema Erziehung. Bestimmt hatte ich als jüngerer Sohn eine bessere Ausgangslage als meine Schwester, die sich alles erkämpfen musste. Sei es, länger draußen zu bleiben, neue Klamotten zu bekommen oder Schminke. Sogar der Deoroller, den sie mit 13 haben wollte, musste erstritten werden. Der ist auch nicht gut für die Umwelt, zugegeben, aber immer noch besser als Deospray. Oder, wie unsere Familie es nannte: „Ich-benutze-das-Ding-einmal-und-komme-in-die-Hölle-Spray".

Viele Menschen denken nicht so viel nach und lassen Sachen gern laufen. Nicht so meine Eltern. Sie haben viele Entscheidungen bewusst getroffen: Birkenstockschuhe waren teuer, wurden aber trotzdem gekauft. Nicht nur, weil man dann gehänselt wird, nein, auch weil sie gut sind für den Rücken.

Keine Ahnung, ob das stimmt. Ich hatte meinen ersten Bandscheibenvorfall mit 28, den konnten die Superspacko-Schuhe offensichtlich nicht verhindern.

Ich wurde radikal zuckerfrei erzogen. Das heißt, wenn in der Schule ein Kind Süßigkeiten zum Geburtstag verteilte, bekam ich aus Mitleid den Apfel der Lehrerin.

Ich bin mittlerweile 33 und hatte drei Wurzelbehandlungen und acht Löcher in den Zähnen, die gestopft wurden.

Vegetarisch und Vollkorn – brauchen wir gar nicht drüber zu reden: ein Muss!

Fleisch zu essen wäre noch schlimmer gewesen, als Deo zu benutzen. Man kann Mord auch nicht mit Diebstahl vergleichen.

Heute bin ich trotzdem übergewichtig. Freunde fragen sich: „Wie kann ein Vegetarier nur so dick werden?"

Ich gebe es zu: Ich esse mittlerweile Fleisch und benutze Deo. Vielleicht liegt es an der Kombination.

Mein Vater war sich absolut sicher, dass sich das Internet auf keinen Fall durchsetzen würde. Schließlich habe es keine menschlichen Gefühle, was auf Dauer langweilig werden müsse.

Wenn mein Vater geahnt hätte, wie viele interessante Filme es im Internet kostenlos gab und gibt.

Meine Eltern haben keinen Alkohol getrunken und, wie gesagt, nie! Fleisch gegessen.

Jetzt, 33 Jahre später, blicke ich auf meine Kindheit und Erziehung zurück und sehe, wie sich doch so einiges geändert hat: Mittlerweile isst meine Mutter wieder Fleisch und mein Vater trinkt wieder Alkohol. Wahrscheinlich, weil meine Mutter wieder Fleisch isst.

Meine Mutter hat offensichtlich keine moralischen Bedenken, für ihre Enkel bei KiK einzukaufen. Im Gegenteil: Sie freut sich diebisch über ein Schnäppchen und postet es gleich auf Facebook, was mein Vater likt.

Inzwischen leben meine Eltern also nicht mehr ihr konsequentes Hippie-Leben.

Was ist geblieben von den Vorsätzen? Vom Anderssein? Von der Konsequenz? Von der Erziehung? Und vom Mut?

Ich würde sagen: alles. Alles das, was wirklich wichtig ist. Ich habe mich als Komiker beruflich gefunden. Meine Frau Judith ist die beste Frau, die ich mir nur vorstellen kann. Sie ist Sozialarbeiterin, das wird auch der Grund sein, warum sie es schon so lange mit mir aushält.

Ich bin ein aufgeschlossener Mensch, ich habe Freunde aus fast allen Randgruppen, ich lüge nicht, ich, äh ... besitze eine Insel und fahre Porsche.

Nun bin ich selbst Vater von zwei Kindern. Meine Tochter Mona ist fünf Jahre alt, mein Sohn Ben ist drei – und ich frage mich: Wie kann ich die wichtigen Werte, die ich von meinen Eltern gelernt habe, an meine Kinder weitergeben? Ohne auf der Straße zu zaubern, auf Fleisch zu verzichten oder sie mit Birkenstockschuhen in die Schule zu schicken?

Hier könnt ihr mich auf diesem Weg begleiten. Ich habe wahrscheinlich nicht immer Recht, aber zu allem eine Meinung.

Doch Vorsicht, dieses Buch ist selten pädagogisch wertvoll! Dafür lustig.

ARCHIES TOP 3

GRÜNDE, WARUM MAN ELTERN WERDEN SOLLTE:

⭐ Die eigene Toleranzgrenze steigt. So hoch, dass nicht mal Bob Richards drüber springen könnte.

⭐ Man hat endlich Sex. (Zumindest vorher.)

⭐ Man liebt, wie man vorher noch nie geliebt hat. Vor allem die Mini-Zeitfenster, die man ganz für sich allein hat.

DIE SCHÖNSTEN MOMENTE ALS ELTERN:

⭐ Ungeschlagen: Der erste Moment direkt nach der Geburt.

⭐ Der Tag vor der Zeugnisausgabe, an dem die Hoffnung größer ist als die Realität.

⭐ Der Tag nach der Zeugnisausgabe, an dem man sich mit der Realität abgefunden hat.

PRO-CONTRA-LISTE

PRO

- *Ja, in Polen.*
- *Ja, von Asidas (das sind die mit den fünf Streifen).*
- *Klar, mit Markenklamotten kann man super kompensieren, dass das Kind keine eigene Persönlichkeit hat.*
- *Wenn man wenig Zeit mit seinem Kind verbringt, sind eine Therapie und ein Schrank voller Markenklamotten extrem wichtig. Such aber nach einem Psychologen, der sich zu kleiden weiß!*
- *Unbedingt, denn das hat auch gleich eine starke soziale Komponente. Wie könnte man die Kinder, die die Klamotten herstellen, schließlich besser unterstützen?*

CONTRA

- *Das M-Wort ist bei uns zu Hause verboten.*
- *Wenn dein Kind die Schule in ausschließlich selbstgestrickten Klamotten überlebt, hat es echte Freunde fürs Leben an seiner Seite.*
- *Rausgeschmissenes Geld für Unterhosen und Socken. Die sieht doch keiner.*
- *Das allein genügt natürlich nicht! Ein dazu passendes Auto ist genauso wichtig.*
- *Ich nähe die Markenklamotten, die meine Kinder sich wünschen, alle selbst. Nur Schnitt, Farbe und Stoff weichen manchmal ab.*

Diktat, Archie Clapp, 5b

Als ich wieder mal meiner Mutter vorschwärmte, was ich als Kind doch für ein Engel gewesen sei, konnte sie das mit folgendem Diktat, das sie aufgehoben hatte, widerlegen.

Archie Clapp, 5b

Hallo Frau Hagdücken,

Warum sollte ich mitschreiben, wenn ich so wie so eine 5 dafür bekomme?

Für diese Selbstreflexion sollte ich eine 1 bekommen, nur so als Vorschlag.

Ich schreibe nicht das, was sie gerade sagen, sondern meinen eigenen Text. Ich denke mein Goldfisch benutzt das falsche Shampoo, immer hat Schuppen. Und wenn man sich einen Tomatensaft aus orangen presst, muss man sich nicht wundern, wenn der Nachbar klingelt und seine Kartoffeln zurückhaben will.

Beim Lesen merkt man schon, ich werde mal Arzt, denn selbst Ich kann meine Schrift nicht lesen.

Übrigens quält Jonas grade von Ralf ab. Vielleicht sollten sie ihm mal sagen, dass Ralf Legastheniker ist.

PS: Ich würde unter ein weißes Kleid keine Rote Unterhose anziehen, obwohl sie ihnen steht.

(am Rand rot:) Schö
Wär

(unten rot:) 6 , Falsch!

ALLES AUF ANFANG

Das Baby ist endlich da.

Herzlich willkommen im Guantanamo der Liebe! Hereinspaziert in die Folterkammer der Fürsorge! Psychoterror inklusive.

Da kommt einem Waterboarding gleich vor wie gemütliches Dahindümpeln im Whirlpool.

Freiwillig von heute auf morgen alles zu teilen, was man hat an Geld und Zeit, nur um seine Gene in die Welt zu setzen, ist gleichermaßen egoistisch wie selbstlos.

Vor der Geburt unseres ersten Kindes haben mir viele Leute erzählt, wie ergreifend dieser Moment sei, in dem man das erste Mal sein eigenes Baby in den Armen hält.

Bei mir war das anders. Um ehrlich zu sein, waren meine ersten Worte an meine Tochter:

„Da bist du ja, du kleiner Scheißer! Dann können wir jetzt endlich nach Hause und schlafen."

Ich war so müde. Völlig im Gegensatz zu meiner Frau Judith. Die war dermaßen vollgepumpt mit Hormonen, dass sie um ein Vielfaches fitter wirkte als ich. Man hätte sie glatt beim nächsten Ironman anmelden können. Was der Körper einer Frau so alles mitmacht. Respekt!

Nach einer Vierzig-Stunden-Geburt, bei der ich ja auch quasi mitgewirkt hatte, und zwei durchgemachten Nächten war ich völlig fertig und wollte nur noch ins Bett.

Ich habe es mal auf dreißig Stunden am Stück Wachbleiben gebracht, als Jugendlicher, als ich nächtelang durch Bars und Clubs gezogen bin.

Aber vierzig Stunden?! Das war selbst für mich ein neuer Rekord.

Unsere Tochter kam im Geburtshaus in Kreuzberg zur Welt. Passend zum Stadtteil erblickte sie am 1. Mai das Licht der Erde. Während draußen Steine flogen und die Linksautonomen sich mit Polizisten einen Kleinkrieg lieferten, bekam meine Tochter ihre Steueridentifikationsnummer. Wir genossen die ersten drei Stunden mit unserem Neuankömmling, bevor wir uns auf den Weg nach Hause machten.

Dort angekommen, fiel ich sofort ins Koma.

Nach fünf Stunden Schlaf war ich wieder einigermaßen hergestellt und die Aufregung überwog. Ich schaute mir unsere Tochter ganz genau an.

Die kleine Mona war so süß und zerbrechlich.

Wofür ich drei Kinobesuche, zweimal selbst kochen und drei Wochen intensivstes Baggern gebraucht hatte, schaffte mein Kind in wenigen Minuten – es durfte an die Brüste meiner Frau.

Aus zwei Gründen habe ich die erste Zeit während des Stillens nicht die Augen von meiner Frau lassen können. Erstens sind ihre Brüste noch nie so groß gewesen, und zweitens: Jemand anderes saugte daran!

Was muss sich das Baby eigentlich in so einem Moment denken?

Wahrscheinlich: „Wer ist der Typ, der wie ein Vollhorst nutzlos dasteht und mich die ganze Zeit anglotzt?"

Und dann kommt die Einsicht: „Ach, krass, der Psychopath ist mein Vater! Na, dit kann was werden."

Vor der Geburt hatte ich einen Babypflegekurs besucht, und zwar allein. Da meine Frau mir in vielen Dingen, gerade was die Vorbereitung auf das Leben mit Kind, überlegen schien, wollte ich mir auch ein bisschen Know-how aneignen.

Ganz bewusst habe ich Judith nicht gezeigt, wie man die Windeln wechselt. Zumindest für kurze Zeit genoss ich mein Wickelmonopol. Wann kann Mann schon mal etwas besser als seine Frau? Richtig, eigentlich nie!

Damit ich meine hart erarbeitete Monopolstellung nicht verlor, nutzte ich geschickt Judiths Pinkelpausen aus, um unserer Tochter schnell die Windeln zu wechseln.

Die ersten Tage vergehen ja superschnell, und schon nach zwei Wochen kann man sich ein Leben ohne Kind nicht mehr vorstellen. Ich denke, das liegt an den Hormonen und den körpereigenen Drogen, sonst würde man wahrscheinlich sich und die Kinder umbringen. Unsere Tochter hat tagsüber viel geschlafen, als wir wach waren. Und abends war sie wach, als wir schlafen wollten.

Auch wenn man es vorher nicht glauben will: Man kann die gesamte erste Zeit zu Hause den ganzen Tag ausschließlich damit verbringen, sein Baby anzugucken. Es wird nie langweilig. Man starrt sein Kind zehn Minuten lang an – keine Regung. Und wenn es dann im Schlaf nur ein My zuckt, freut man sich wie verrückt darüber. Es ist wie Achterbahnfahren, nur ohne die Achterbahn. Und ohne den leicht schrägen Typen im Kassenhäuschen, der mit russischem Akzent „Eine neue Runde, eine neue Runde!" ins Mikro mit Verzerreffekt schreit.

Jede Bewegung, jedes Lachen, jedes kleinste Geräusch ist wie ein Rausch. Da liegt ein Wesen, das zu fünfzig Prozent aus deinen Genen besteht – das ist so unbegreiflich schön. Oder wie meine Frau gern sagt: „Scheiße, Schatz, die Kinder kommen nach dir!"

ARCHIES TOP 3

**TOLLE AKTIONEN FÜR
JEDE KINDERGEBURTSTAGSPARTY:**

⭐ Berufe-Raten: Engagiere Stripper. Kinder brauchen früh
berufliche Vorbilder.

⭐ Kambodschanisches Sackhüpfen (Hüpfen über ein Minenfeld)
in der Berlin-Edition: Lass die kleinen Racker über einen
beliebigen Neuköllner Fußweg hüpfen. Wer am Ende nicht nach
Hundekacke stinkt, hat gewonnen.

⭐ Teambuilding: Miete eine Hüpfburg und lass die Kinder diese
selbst aufpusten.

**NAMEN, DIE IN DEUTSCHLAND BEANTRAGT,
ABER ABGELEHNT WURDEN:**

⭐ Atomfried

⭐ Bierstübl

⭐ McDonald

**NAMEN, DIE IN DEUTSCHLAND BEANTRAGT UND
ZUGELASSEN WURDEN:**

⭐ Ikea

⭐ Pumuckl

⭐ Schokominza

Kurz berichtet

Dick und doof

Judith hat keine Lust, dass ich auf Tour fahre. Was ich verstehen kann, weil sie sich dann allein ein paar Tage um die Kleinen kümmern muss. Sie will mich ärgern, zieht sich morgens Reizwäsche an und sagt: „Ach Archie, schade, dass du heute auf Tour fährst. Was mache ich denn so ganz allein zu Hause?!"

In dem Moment kommt Mona rein: „Mama, du bist ganz schön dick."

Ich muss lachen und weiß schon in dem Moment: Das war ein Fehler.

Mona fragt auch gleich: „Mama, warum lacht Papa?"

Darauf Judith: „Weil Mama sich bald scheiden lässt."

Gemütszustände

Die Botschaft „Du wäschst viel zu selten ab" kann man auch anders formulieren. Hier ein paar Vorschläge für verschiedene Gemütszustände:

1. Genervt: „Hör zu, du Arsch, entweder die Küche ist heute Abend picobello oder ich lasse mich scheiden."
2. Zickig: „Erst hast du mich geschwängert und jetzt hilfst du nicht mal im Haushalt?!"
3. Förmlich: „Die Zeitinvestition in die Nahrungsaufnahme weist im Vergleich zur Reinigung des dazu verwendeten Tischgedecks immense Diskrepanzen auf. Ich bitte, dies nachzubessern."

PRO-CONTRA-LISTE

Sollte man viele Kinder kriegen?

(Wobei „viel" relativ ist. In Russland hat eine Frau im 17. Jahrhundert
69 Kinder zur Welt gebracht. Ein Mann in Indien zeugte 94 Kinder.)

PRO

● *Zwei von hundert Kindern sind hochbegabt. Statistisch genügen also fünfzig.*

● *Früher hat man viele Kinder bekommen, um sich fürs Alter abzusichern. Das dürfte bald wieder interessant werden.*

● *Die Blicke der anderen, während man mit sieben Kindern einkaufen geht, sind unbezahlbar.*

● *Mit den richtigen Anreizen erziehen sie sich irgendwann gegenseitig.*

● *„Wir sollten eine Fünf-Kinder-Politik haben. Alle Menschen mit weniger als fünf Kindern müssten dann Strafe zahlen."*

(Mandy, Mutter von fünf Kindern)

CONTRA

● *Nein, sieben reichen völlig aus.*

● *Ich wüsste gar nicht, was ich mit so viel Kindergeld machen sollte.*

● *Man muss auch an die Umwelt denken: Meine Tochter hat einen höheren Methanausstoß als die Milka-Kuh!*

● *Man braucht keine Kinder, um sich sinnlos zu beschäftigen. Was wir brauchen, sind Hobbys. Ich zum Beispiel bin begeisterter Aquarianer.*

● *„Zu viele Fingernägel zu schneiden! Bei meinen sieben Kindern komme ich allein auf 70, ... uuups, äh, 69 Fingernägel. Nun heul doch nicht so, Malte!" (Sören, Vater von acht ... äh, sieben Kindern und Betreiber eines Kinderladens in Saarbrücken)*

● *Ich habe schon Schwierigkeiten, mir die Namen meiner zwei Kinder zu merken: Sofie-Susanne und Pascal-Palene.*

PRO

● *Man sieht selten fette Vegetarier.*

● *Gemeinsam könnt ihr dann zu McDonald's gehen und die Mitarbeiter beschimpfen. Nachdem ihr eure Pommes bekommen habt.*

● *Endlich nicht nur mitreden, sondern auch mitlaufen – bei der Veggie-Parade. Am besten mit Sprüchen wie: „Lieber Fleisch in der Hose als mit Pommes und Soße".*

CONTRA

● *Vorsicht vor Mobbing! Denn als strenge Vegetarier dürfen deine Kinder nicht an der „Ess-den-Regenwurm-Mutprobe" teilnehmen.*

● *Keiner will sein Pausenbrot mit einer Meerrettich-Dinkel-Schnitte tauschen.*

● *Vegetarier bekommen schneller Karies. Waaaas? Entschuldigung, ich werde von der Fleischindustrie geschmiert. Von irgendetwas muss man als Künstler ja leben. Der vegetarische Lebensstil ist schließlich nicht billig (Anm. d. Autors).*

NOTAUFNAHME

5. Mai 2013

Liebes Tagebuch, du mein offenes Ohr auch an schwierigen Tagen.

11:00 Bin seit fünf Tagen Vater. Stelle mir Fragen wie: Warum können Babys eigentlich noch nicht laufen? Nilpferdbabys können das doch auch direkt nach der Geburt. Ich frage genau das Judith. Sie fängt an zu weinen – weil sie sich jetzt dick fühlt. Das habe ich nicht gewollt. (Ich wollte doch nur ein Nilpferdbaby.)

11:05 Ich entschuldige mich, zum dritten Mal, Judith heult immer noch.

11:45 Judith heult immer noch.

12:00 Gehe zur Apotheke. Ohropax kaufen.

12:20 Komme nach Hause, Judith lacht. Sie guckt sich niedliche Nilpferdvideos auf YouTube an.

13:00 Liege auf der Couch und versuche krampfhaft, einen Witz zu schreiben.

13:30 Meine Schwiegermutter kommt zu Besuch – unangekündigt. Sie begrüßt Judith: „Herzlichen Glückwunsch zur Geburt deiner Tochter Mona, du bist jetzt Mutter! Und Archie, herzlichen Glückwunsch, du bist ja wahrscheinlich der Vater."

In dem Moment wird mir klar, warum die Abkürzung von Schwiegermutter „S/M" ist.

Aber ich bin meiner Schwiegermutter dankbar, denn mit ihrer Hilfe komme ich auf folgenden Witz:

Was ist der Unterschied zwischen meiner Schwiegermutter und einem Fettfleck, der einfach nicht weggeht und auch nach dem

fünften Mal Waschen noch müffelt? – Es
gibt keinen!

Ich gehe an meinen Schreibtisch, um den
Witz schnell aufzuschreiben. Da kommt
meine Schwiegermutter ins Zimmer: „Na,
Archie, schreibst du wieder unlustige
Witze für die Bühne?"
Ich: „Ich habe gerade einen extrem lusti-
gen Witz geschrieben."
Sie: „Erzähl doch mal."
Ich: „Ach ne, ist doch nicht so lustig."

13:45 Mona wacht auf. Um zu zeigen, was für ein
toller Kerl ich bin, wickele ich sie und
ziehe ihr einen frischen Body an.

Leider auf links, Scheiße, das dürfen die
anderen nicht mitkriegen.

Nicht nur auf links sondern auch ver-
kehrt herum! Das heißt, das Schild vom
Rücken hängt meiner Tochter vorm Mund.
Sie sieht aus wie Adolf Hitler.

Damit mein Fauxpas nicht auffällt,
„rasiere" ich ihren „Bart" schnell ab.
Meine Schwiegermutter erwischt mich, wie
ich mit der Schere am Hals meiner Tochter
rumhantiere.
Sie: „Was machst du da?"
Ich: „Ich zeige meiner Tochter nochmal,
wie ich ihre Nabelschnur durchgeschnit-
ten habe."

Ich schäme mich. Schnell ziehe ich Mona
noch einen Pullover drüber, damit man
die Naht nicht sieht, die mich doch noch
verraten hätte. Mona schwitzt, ich auch.
Sie fängt an zu weinen, ich auch – allerdings nur innerlich. Diesen Sieg gönne
ich meiner Schwiegermutter nicht. Ich
übergebe die heulende Mona an Judith.

Meine Schwiegermutter: „Typisch Mann."

Ich: „Sie hat Hunger und muss gestillt
werden, ich habe nun mal keine Brüste."
Schwiegermutter: „Hast du *schon,* sie pro-
duzieren nur keine Milch."

Ich: „Kleine Brüste, die keine Milch pro-
duzieren – und ich dachte jahrelang, uns
verbindet nichts."

Jetzt heult Judith – allerdings nicht
nur innerlich. Währenddessen stillt sie
Mona, die aufgehört hat zu weinen. Plötzlich bekommt Mona einen knallroten Kopf
und einen Ausschlag im Gesicht und der
sieht schlimm aus. Ich habe Angst. Meine
Schwiegermutter sagt nichts mehr. Judith
fängt an zu googeln.

Die Stimmung kippt.

14:10 Ich schnappe mir Mona und fahre in die
Notaufnahme.

Mir schießen Gedanken durch den Kopf:
Was ist, wenn sich ihre Lage ver-
schlechtert, wenn Mona eine seltene,
unerforschte Krankheit hat, wenn dem
Arzt auffällt, dass ich ihren Body auf
links angezogen habe?

Archie, konzentrier dich, Hauptsache,
deine Tochter überlebt!

Ich singe ein Lied, um sie zu beruhigen,
was das Gegenteil bewirkt. „Highway to
Hell" war vielleicht nicht die beste Wahl
für unseren ersten Vater-Tochter-Ausflug.

Ich rufe mir den Erste-Hilfe-Kurs in
Erinnerung. Doch das Einzige aus dem
Kurs, an das ich mich erinnere, sind die
Brüste der Kursleiterin Frau Schawatzky.
Während meine Tochter stirbt, denke ich
an die Titten einer anderen Frau.

Archie, du kommst auf jeden Fall in die
Hölle.

Wenn du im Krankenhaus ankommst, kon-
frontiere die Ärzte nur mit den harten
Fakten.

14:30 Arzt: „Herr Clapp, was ist denn
passiert?"

Ich: „Erst war alles gut und dann hat
sie plötzlich angefangen zu schreien,

ich habe ihr zunächst die Windel gewechselt ..."

Und weil es ohnehin rauskommt: „JA!, ich habe ihren Body auf links angezogen, dann hat sich meine Schwiegermutter über meine Brüste lustig gemacht, dann ich mich über ihre. Beim Stillen wurde Monas Kopf rot und auf dem Weg hierher musste ich an die Titten der Leiterin aus dem Erste-Hilfe-Kurs denken."

Arzt: „Meinen Sie Frau Schawatzky?"

Ich: „Ja, genau."

Arzt: „Keine Sorge, Herr Clapp, das geht uns allen so."

Er untersucht Mona und sagt: „Herr Clapp, der Ausschlag Ihrer Tochter rührt von den Hormonen ihrer Frau her, das sind *tacet papulae.'*

Ich: „Oh Gott, muss sie sterben?"

Arzt: „Ja, in siebzig bis hundert Jahren. Das sind Stillpickel, Sie Idiot."

Ich: „Kann ich was tun?"

Arzt: „Nach dem Stillen weggucken und nicht in die Notaufnahme fahren!!"

Als wir nach Hause kommen, kläre ich Judith auf: „Schatz, unsere Tochter hat Stillpickel, aber sie muss nicht operiert werden."

Sie guckt mich an und sagt: „Stillpickel?! Archie, du Honk fährst wegen Stillpickeln in die Notaufnahme? Dann miete dir für die Pubertät von Mona mal besser gleich ein Zimmer dort."

ARCHIES TOP 3

DIE NIEDLICHSTEN KINDERSÄTZE:

⭐ Du bist ein dummer Arsch-Esel.

⭐ Ich liebe dich bis zum Himmel und zurück.

⭐ Mama, ich mag dich nicht. Weil ich dich *liebe!*

DIE NERVIGSTEN KINDERSÄTZE:

⭐ Mama hat aber gesagt ...

⭐ Ich bleibe für iiimmer bei euch wohnen!

⭐ Papa, ich habe irgendwie Kacke an den Händen.

SÄTZE, BEI DENEN ES GESETZLICH ERLAUBT SEIN SOLLTE, ANDEREN ELTERN KÖRPERLICHE SCHMERZEN ZUZUFÜGEN:

⭐ Mein Kind schläft immer durch.

Gesagt: *Ach, wie schön für dich.*

Gedacht: *Fuck you!*

⭐ Es ist sooo schön, Eltern zu sein!

Gesagt: *Ja, das stimmt.*

Gedacht: *Wo ist das Koks, wenn man es braucht?*

⭐ Wenn ich mein Baby ins Bett lege, schläft es sofort ein.

Gesagt: *Das ist ja toll.*

Gedacht: *Klar, wäre ich dein Baby, würde ich auch lieber schlafen, statt dich bewusst wahrzunehmen.*

PRO-CONTRA-LISTE

Sollte mein Kind selbst Entscheidungen treffen?

PRO

- *Ja! Für sich, für dich, für die ganze Familie. Irgendwen musst du ja verantwortlich machen, wenn alles nichts wird.*
- *Wer sprechen kann, kann auch selbst Entscheidungen treffen. Das reicht ja auch, um amerikanischer Präsident zu werden.*
- *Da muss ich erst mal mein Kind fragen.*
- *Natürlich! Wenn es sie sich vorher von mir absegnen lässt.*

CONTRA

- *Nicht mal in Bezug auf Schnürsenkel oder Klett.*
- *Nur wenn mein Kind einen IQ über 130 hat. Also: NEIN.*
- *Damit es später mal ein selbstbestimmtes, glückliches Leben führt und ich überflüssig bin? Nein danke!*
- *Dann würde es bestimmt um drei Uhr nachts besoffen nach Hause kommen. Das bleibt mein Privileg.*
- *Freunde treffen ist okay, aber welche, das entscheide ich!*

UNENTSCHLOSSEN

- *Keine Ahnung, da muss ich meine Frau fragen.*
- *Keine Ahnung, ich habe nie gelernt, Entscheidungen zu treffen.*

Kurz berichtet

Reisegepäck

Damit ihr eure Elternzeit auch im Urlaub genießen könnt, hier eine Liste an Dingen, die im Reisegepäck nicht fehlen dürfen:

- Laptop mit umfangreicher Filmbibliothek
- Trinken fürs Kind (Wasser, Babymilch)
- Trinken für die Eltern (Gin, Tonic)
- Babysitter (je nach Zielland eventuell günstiger vor Ort)

Komplimente

Eltern sein heißt, weniger Zeit füreinander haben. Umso wichtiger ist es, dass du deinem Partner auch mal etwas Nettes sagst, statt nur zu kritisieren. Auf keinen Fall sollte das aber so klingen:
„Schatz, auch in diesem Zustand würde ich jetzt mit dir schlafen", oder: „Ach komm, ein bisschen dick warst du doch auch schon vor der Geburt."

FRAG ARCHIE

In meiner Show lasse ich das Publikum immer Fragen aufschreiben, die ich live beantworte. Ich bin schließlich Erziehungsexperte. Hier kommt meine Auswahl der besten Antworten.

Ab wann kann ich wieder sieben Stunden am Stück schlafen?

Archie: Wenn deine Kinder ausgezogen sind oder du tot bist.

Muss ich so tun, als ob ich die Freunde meiner Kinder mag?

Archie: Ich habe Glück – ich mag die Freunde meiner Kinder lieber als meine Kinder.

Wie lernen die Kinder, aufzuräumen?

Archie: Amazons Logarithmus sagt dazu, dass Leute, die dieses Buch kauften, auch einen Elektroschocker und Pfefferspray kauften. Frage beantwortet?

Muss man Kinder behalten? Und wenn ja, wie lange?

Archie: Wenn es nicht die eigenen sind, würde ich sie wieder abgeben, sobald das Lösegeld bezahlt wurde. Wenn es die eigenen sind, sind sie nur zurückzugeben innerhalb der gesetzlich garantierten 14-tägigen Widerrufsfrist.

Warum wachen Kinder immer dann auf, wenn man gerade essen will?

Archie: Das ist vielleicht ein schwacher Trost, aber sei froh, dass deine Kinder nur aufwachen, wenn du etwas ESSEN willst.

WAS HILFT GEGEN FRECHE, TROTZIGE, VORPUBERTÄRE TÖCHTER? ALLE MITTEL SIND MIR RECHT!

Archie: Mensch, das hört sich aber dringend an. Mein Rat: Internat. Probier es mindestens sechs Monate aus, und falls es dir da nicht gefällt, kannst du ja wieder zurück zu deinen Töchtern.

WIE ERKLÄRE ICH MEINEM SOHN, DASS ER KEIN MÄDCHEN IST?

Archie: Wahrscheinlich bist du in einer anderen Zeit aufgewachsen, aber Menschen entscheiden unabhängig vom Geschlecht, ob sie Mädchen oder Junge sind. Ich hoffe, du verstehst das. Falls nicht, bist *du* die Pussy!

Wie erkläre ich meinem Sohn die Welt außerhalb des Computers?

Archie: Das ist einfach. Schick ihm eine E-Mail.

Warum darf ich mein Kind nicht täglich schlagen?

Archie: Das ist doch mal eine schöne Frage! Es handelt sich nämlich um einen weit verbreiteten Irrtum. Man darf sein Kind natürlich schlagen, nur eben nicht im Haus, sonst erfüllt man ja den Straftatbestand der häuslichen Gewalt.

Wie kriege ich meine Kinder dazu, ihre schmutzige Wäsche in den Wäschekorb zu werfen?

Archie: Indem du sie im Basketballverein anmeldest. Dann landen zumindest weniger Würfe daneben.

WANN MACHT ES „KLICK"?

Archie: Ich weiß zwar nicht, was das mit Erziehung zu tun hat. Aber: Wenn die Pistole nicht geladen war.

Wie führe ich meine Kinder richtig an Alkohol heran, damit sie später mal damit umgehen können?

Archie: Gute Frage ... mein Kind ist sechs Jahre alt ... ich würde sagen: früh anfangen.

Wenn ich mal Kinder habe, wie bringe ich sie dazu, lange zu schlafen, sich selbst zu versorgen und oft bei Oma und Opa sein zu wollen?

Archie: Bist du sicher, dass du ein Kind willst? Fang doch erst mal mit einem Hamster an.

WAS KANN ICH BEI HEFTIGEN STIMMUNGS-SCHWANKUNGEN PUBERTIERENDER TUN?

Archie: Hoffen, dass Marihuana bald legalisiert wird.

Wie bekomme ich meinen Sohn trocken?

Archie: Alkohol wegschließen.

Meine Kinder nehmen mich nicht ernst, was kann ich tun?

Archie: Ach, das kann ich mir nicht vorstellen. So schlimm wird es schon nicht sein.

WIE BRINGE ICH MEINEM HUND DEN BEFEHL „SITZ!" BEI?

Archie: Da braucht es eine gewisse Übung. Vielleicht fängst du erst mal bei deinem Mann an. Hunde sind im Vergleich zu ihm die hohe Schule!

Sollte ich mit 84 Jahren noch Vater werden?

Archie: Das ist jetzt eine ganz persönliche Antwort – ich würde noch ein bisschen warten.

WIE BEKOMME ICH MEINEN SOHN VOM COMPUTER WEG, SODASS WIR WIEDER MEHR ZEIT MITEINANDER VERBRINGEN?

Archie: Das ist ein sehr modernes Problem. Dafür gibt es aber einen ganz einfachen Trick: Kurz mal das Routerkabel rausziehen. Dein Sohn wird schneller bei dir sein, als du gucken kannst.

Mein Sohn fragt, wo er herkommt. Was sage ich ihm?

Archie: AmazSohn.

Kann ich meine Tochter (fünf Jahre) noch in die Babyklappe legen?

Archie: Da gibt es eine einfache Faustregel: Solange sie reinpasst, ohne dass du Gewalt anwenden musst, geht das klar.

UNANGEKÜNDIGTER BESUCH

Mona ist mittlerweile drei Wochen alt, es klingelt an der Tür, ich mache auf.

Da steht eine kräftige Person mit Vokuhila.

„Hallo, ich bin der Sozialarbeiter von Neukölln, mein Name ist Gabi. Ich würde gern Ihre Tochter besuchen."

Ich: „Schade, die haben Sie gerade verpasst, sie ist zu ihrem ersten Justin-Bieber-Konzert."

Meine Frau kommt an die Tür, entschuldigt sich für mich und bittet Gabi herein, wir gehen in die Küche, Judith bietet Gabi einen Kaffee an.

Gabi überreicht mir ein Geschenk für Mona.

Ich packe es aus, es ist ein Feuermelder. Und sie hat noch eine Überraschung dabei: einen Hartz-IV-Antrag.

„Danke", sage ich, „wir wohnen zwar in Neukölln, aber wir gehen beide arbeiten."

„Oh", sagt Gabi erstaunt, „das ist zwar ungewöhnlich – aber kein Problem. Ich habe auch das Formblatt für den Antrag zum Aufstocken dabei."

Ich versuche in Gabis Gesicht zu lesen, ob sie einen Scherz macht. Mit der würde ich zu gern mal pokern ...

Als mir Gabi während unseres Kaffees die Statistiken darüber zeigt, wie viele Menschen gerettet werden könnten, wenn sie Feuermelder installiert hätten, nicke ich artig, hole sofort die Leiter und befestige direkt den

Feuermelder an der Decke. Nicht aus Angst vor einem Feuer, ich habe Angst, dass Gabi nicht mehr aufhört, darüber zu reden. Jetzt sieht sie sehr zufrieden aus. So zufrieden wie jemand, der einen Impotenten zum Höhepunkt gebracht hat.

Obwohl ich mir das bei ihr eher andersrum vorstelle.

Sie fragt uns, ob sie beim Ausfüllen des Antrags helfen soll. Ich sage, dass wir beide dafür zu viel verdienen.

Gabi sagt: „Schade, dass Sie keinen Anspruch auf Hartz IV haben, sonst wäre auch die Erstausstattung kostenlos."

Ich sage: „Ja, trotzdem vielen Dank für das Angebot."

Sie sagt: „Tja, Sie brauchen das ja nicht. Für mich wäre das aber kein Problem gewesen, diesen Antrag *jetzt* für Sie auszufüllen, ich mache das täglich. Schließlich bin ich der Sozialarbeiter von Neukölln."

Es platzt aus mir heraus: „Sie sind doch eine *Frau,* also heißt es nicht ‚der' sondern ‚die'."

„Danke", sagt Gabi, „arbeiten gehen und klugscheißen können Sie gut, ich habe es nur nett gemeint."

Ich: „Ja, ich auch, tut mir leid."

Eine Atempause entsteht. Ein komischer Moment. Wir starren auf den Boden, dann auf unsere Kaffeetassen. Ich fühle mich undankbar.

Nach einer kleinen Ewigkeit seufzt Gabi leise auf und sagt geknickt: „Das ist wirklich schade, dass Sie arbeiten gehen, sonst wäre die Erstausstattung für Sie komplett kostenlos und ich hätte Ihnen beim Ausfüllen helfen können. Schließlich bin ich die Sozialarbeiterin von Neukölln."

Die nächste Pause.

Ich höre mich plötzlich auch leise sagen: „Ja, das ist wirklich schade, dass wir arbeiten gehen. Sonst wäre die Erstausstattung für uns kostenlos und Sie hätten uns beim Ausfüllen des Antrags helfen können."

Ich muss mal unvermittelt aufs Klo.

Gabi ist dann irgendwann gegangen. Also, ich hoffe es zumindest. Bisher habe ich mich nicht getraut, in der Küche nachzusehen, ob sie noch da ist.

Bisher haben wir den Feuermelder nicht gebraucht. Aber er blinkt alle paar Sekunden. Jedes Mal, wenn ich zur Decke schaue und ihn traurig blinken sehe, denke ich an Gabi – und schäme mich, dass ich einfach weiterhin arbeiten gehe.

ARCHIES TOP 3

WAS DU IM WOCHENBETT FÜR DEINE PARTNERIN TUN KANNST:

★ Mache dich nützlich, sei unsichtbar.

★ Schenke ihr eine Glocke, die sie immer klingeln lassen kann, wenn sie gerade zufrieden ist. (Wenn das Baby schläft.)

★ Koche für sie. Hier mein Lieblingsrezept: Pizzaboten anrufen, Pizza auf einen Teller legen, guten Appetit.

ZUFÄLLIG GEHÖRTES, DAS WEITERERZÄHLT WERDEN WILL:

★ Du wirst dich nach sechs Monaten Stillen im Spiegel nicht mehr erkennen. Dein Mann will dich aber trotzdem ständig besteigen.

★ Selbst ein Stalker macht manchmal Pause, ein Kind nicht!

★ Wenn du krank bist, wirst du nie wieder wie eine Prinzessin verwöhnt – und deine Frau auch nicht.

TIPPS ZUR HILFE BEI SCHLAFENTZUG:

★ Setz dich erst mal aufs Sofa und lasse alles ruhig angehen. Aber nicht zu ruhig, sonst schläfst du direkt ein.

★ Täusche dein Unterbewusstsein und stelle deine Matratze hochkant gegen die Wand.

★ Bringe deinen Kreislauf in Schwung, indem du dich von deiner/m Partner/in ein paarmal in die Luft werfen lässt.

PRO-CONTRA-LISTEN

PRO

● *Du kannst dein Kind sofort nach der Geburt sehen.*

● *Endlich kannst du dein erlerntes Wissen vom Geburtsvorbereitungskurs anwenden.*

● *Es ist ein Erlebnis, an das du dich noch lange erinnern wirst.*

CONTRA

● *Es könnte sehr anstrengend für dich werden.*

● *Du hast schon die Schwangerschaft durchgezogen, jetzt ist er mal dran. Du wartest lieber vor dem Kreissaal mit einem Strauß Blumen.*

● *Es ist ein Erlebnis, an das du dich noch lange erinnern wirst.*

Kurz berichtet

Ungerechter Gott

Ich habe mich nie viel mit dem Thema „Gott" beschäftigt, bis meine Tochter mich neulich fragte: „Gibt es Gott?"
Ich habe dann lange darüber nachgedacht, viel recherchiert und muss sagen: Ich weiß es nicht. Was ich aber gefunden habe, sind zwei Beweise dafür, dass er Humor hat, wenn es ihn gibt.
Erstens: Pinguine sind Vögel. Gott *muss* Humor haben, wenn diese Stummel Flügel sein sollen!
Zweitens: Es gibt Fische, die fliegen können. Wie doof muss das für so einen Pinguin sein, einen Fisch zu sehen, der fliegen kann? Besonders weit kommen die zwar nicht, aber e
reicht allemal, um einen Pinguin zu dissen.

ÖCHTE LICH

Irgendwann sagen Kinder mehr, als sie sprechen können. Für Fans von Activity ist diese Zeit bestimmt ein großer Spaß.

Ich sitze mit meinen Kids am Frühstückstisch. Die
Nacht war gut und ich konnte sogar relativ entspannt
den Tisch decken. Also ein guter Start in den Tag. Ich
unterhalte mich ein bisschen mit Mona, auf einmal sagt
Ben: „Öchte Lich."

Ich kontere mit: „Schnägl Flop."

Er guckt mich mit ernster Miene an und wiederholt,
diesmal eindringlicher: „Öchte Lich."

Jetzt nehme ich ihn ganz ernst, denn offensichtlich
will er mir etwas Wichtiges sagen.

In meinem Kopf rattert es: Was meint er damit? Ich
komme nicht drauf, er wiederholt es ein drittes Mal.

Ich: „Ja, okay."

Denn manchmal will er mir nur etwas mitteilen und
ist mit einem einfachen Ja zufrieden. Keine weitere Diskussion, keine Folgen.

Diesmal funktioniert es nicht. Er wird wütend. Mona
mischt sich ein: „Papa, verstehst du ihn etwa nicht?"

Ich bin genervt, was soll dieser abfällige Ton in ihrer
Stimme? Ich überlege fieberhaft weiter.

Ich sage: „Nein, Mona, was sagt er denn?!"

Mona: „Er sagt ‚öchte Lich'."

Ich versuche, gelassen zu bleiben: „Ja, und was heißt das?"

Mona: „Das ist doch klar, ‚öchte Lich' heißt ‚öchte Lich'."

Ich: „Und was bedeutet das?"

Mona: „Keine Ahnung, woher soll ich das wissen?"

Ich: „Ah … danke!"

Öchte Lich … Ich überlege weiter … Vielleicht ist es ein Geheimcode, den nur ich entziffern kann, um die Welt zu retten …? Das wäre überhaupt die perfekte Tarnung. Man codiert einen Zweijährigen, denn keiner würde ihn ernst nehmen, geschweige denn verstehen. Keiner würde vermuten, dass ein Zweijähriger tatsächlich …

Aber auch die Geduld eines Zweijährigen ist irgendwann zu Ende, ich werde von meinem Sohn aus dem Tagtraum gerissen.

„Öchte Lich!"

Meine Tochter fragt ihn ab: „Willst du Schokocreme?"

Er: „Nein."

Sie: „Willst du Marmelade?"

Er: „Nein."

Die Aussprache meines Sohns gleicht einem Angetrunkenen, der gerade vom Zahnarzt kommt und dessen örtliche Betäubung noch aktiv ist.

Eine Woche lang ist er mal herumgelaufen und hat immer wieder gesagt: „Rimpf Rumpf."

Ich rätselte, was das heißen sollte. Er tat mir so leid, weil er genau wusste, was er wollte, und ich das Gefühl hatte, dass ich der derjenige war, der ihn doch hätte verstehen müssen. Am Wochenende waren wir dann bei meiner Schwägerin zu Besuch. Mein Sohn lief schnurstracks zum Fernseher und freute sich, er zeigte triumphierend auf den Bildschirm und sagte: „Da, Papa, Rimpf Rumpf!"

Es lief „Pippi Langstrumpf".

Ich bin sehr geschickt darin, meine Kinder nicht zu verstehen, zum Glück sind sie sehr geduldig mit mir.

Zurück zum Frühstückstisch. Mein Sohn ist mittlerweile am Verzweifeln. Gut, dass meine Kinder in einem Künstlerhaushalt aufwachsen, das heißt, sie lernen schon sehr früh Pantomime. Ich sage: „Was willst du?!" und gestikuliere selbst wild mit den Händen.

Und er zeigt auf sein Glas, dann auf die Milch.

In dem Moment fällt es mir wie Schuppen vom Kopf: „MÖchte MIlch."

Ich sage: „Ach, du meinst: Öchte Lich!", und gieße ihm Milch in sein Glas.

Er sagt: „Ja."

Ich sage: „Na, sag das doch gleich."

ARCHIES TOP 3

GUTE GRÜNDE DAFÜR, DASS DEINE KINDER KEIN SPIELZEUG BESITZEN SOLLTEN:

★ Streitereien um das beliebte Ding gehören der Vergangenheit an.

★ Kein Spielzeug heißt auch keine Freunde, und das wiederum heißt: keine Tränen, weil dein Kind von seinem Spielkameraden versetzt wurde.

★ Du müsstest dein Kind nie mehr zum Aufräumen zwingen, was sich wiederum positiv auf deine Eltern-Kind-Beziehung auswirkt.

SITUATIONEN, IN DENEN ICH MIR AUS PÄDAGOGISCHEN GRÜNDEN DAS LACHEN HÄTTE VERKNEIFEN SOLLEN:

★ Mein zweijähriger Sohn Ben heulte eine Woche lang immer, wenn seine Wurst im Klo runtergespült wurde.

★ Meine Tochter Mona: „Guck mal, Papa, ich kann vorwärts über diesen Hundehaufen springen. Und rückwärts auch." Platsch!

★ Ich operierte Mona einen riesigen Popel aus der Nase, der sich als Olive entpuppte. Ich: „Warum hast du die da reingesteckt?" Mona: „Weil ich wollte."

PRO-CONTRA-LISTEN

Sollte man ein Kleinkind allein mit einer Schere spielen lassen?

PRO

● *Ja, wenn das Attest, dass man psychisch krank ist, verlängert werden muss.*

● *Ja, diese Versuchsanordnung eignet sich bestens als IQ-Schnelltester.*

● *Leg ein Feuerzeug und eine Pistole daneben, und die Schere wird nicht das Problem sein.*

● *Nur, wenn es krankenversichert ist.*

CONTRA

● *Nein! Die Kinder sollten mindestens zu zweit sein.*

● *Du willst unbedingt eine rauchen gehen, deinem Kind die Schere aber nicht wegnehmen? Rauch deinen Joint einfach im Kinderzimmer, so kannst du in Zeitlupe zuschauen, wie dein Kind sich in den Finger schneidet.*

● *Nicht mit einer, mit zwei Scheren, denn minus mal minus ergibt plus.*

Sollte mein Kind lesen lernen?

PRO

● *Klar, wer nicht lesen kann, lebt gefährlich. Schließlich ist unsere Welt geprägt von Verbots-, Gebots-, Hinweisschildern und Wegweisern. Ohne die Fähigkeit zu lesen verliert man schnell die Orientierung.*

● *In unserer Leistungsgesellschaft muss man so früh wie möglich mit dem Lesenlernen anfangen, am besten Deutsch, Englisch, Chinesisch und Klingonisch.*

CONTRA

- *Studien zeigen immer wieder: Handlungsorientiertes Lernen ist nachhaltiger als die graue Theorie. Das gilt auch für den Warnhinweis zum Happy-Meal-Spielzeug, Kleinteile nicht in Körperöffnungen zu versenken.*

- *Taxifahrer orientieren sich doch auch an Häuserwänden und Mülltonnen.*

Kurz berichtet

Sandförmchen-Mafia

Ich habe diesen Sommer auf Spielplätzen festgestellt, dass viele Eltern den Namen ihrer Kinder mit Edding in die Sandförmchen schreiben. Ich dachte erst, das seien Wochenend-Eltern, die sich nicht immer an den Namen des Kindes erinnern können und ihn lieber in die Förmchen schreiben, als das Kind mit einem Namensschild herumlaufen zu lassen. Doch ich habe mich geirrt. Und das macht nicht nur ein kleiner Prozentsatz der Eltern, das machen *fast alle so.* Eine Art Diebstahlsicherung. Wirklich! Damit man, falls die böse Sandförmchen-Mafia auftaucht, sagen kann: „Stopp! Ich habe meine Sandförmchen markiert! Die sind wertlos für euch!" Und dann holt der Hipster-Papa schnell das Pfefferspray, das au umwelttechnischen Gründen einfach nur Pfeffer ist, aus seinem Jutebeutel heraus und schlägt damit die Gauner in die Flucht. Und die anderen Eltern schlagen anerkennend und triumphierend ihre markierten Sandförmchen aneinander.
Wir würden übrigens nie den Namen unserer Tochter aufs Sandspielzeug schreiben. Wenn wir loswollen, rufe ich einfach: „Kommst du bitte, Claudia-Chantall-Louise-Jürgen?!"

ERZIEHUNGSLEXIKON

Ich weiß, ich schmeiße hier mit pädagogischen Fachbegriffen nur so um mich. Zu eurer Hilfe hier die wichtigsten und ihre Erklärungen von A bis Z.

ABSTILLEN

Das Abstillen ist für die meisten Eltern ein schwieriges Thema. Wie wird das Kind reagieren? Werde ich jemals wieder schlafen können? Erfährt mein Kind ein Trauma?

Auch wenn sich das hart anhört, mach dir keine Sorgen: einfach heulen lassen!

Also, den Partner, meine ich, während er sich in der Nacht ums Kind kümmert.

Noch besser: Schick die Mutter übers Wochenende in ein schickes Hotel. Wenn sie wiederkommt, ist das Kind abgestillt.

Doch egal wie, es steht fest: Dein Kind wird es überleben und dein/deine Partner/in wahrscheinlich auch.

BEGRIFFSÜBERSICHT

ALTERSMISCHUNG: wenn Opa zum Mau-Mau spielen kommt.

AUTONOMIEPHASE: wenn man auf Englisch zu erklären versucht, dass man kein Auto hat.

FORSCHENDER HABITUS: wenn der Mann rallig ist.

FUNDRAISING: wenn man ein Dickerchen erzieht.

GEMEINSCHAFTSBEZUG: großes Bettlaken fürs Familien-
bett.

GENDER: heißt „Ende", versteckt zwischen zwei Buchstaben.

HOCHBEGABUNG: eine Erfindung, um Eltern zu ärgern.

MEHRPERSPEKTIVITÄT: wenn das Kind schielt.

SCHLÜSSELBEGABUNG: wenn man toll abschließen kann.

OFFENE ARBEIT: wenn keiner Schlüsselkompetenzen besitzt.

REGELN: lateinisches Fremdwort, schwer zu übersetzen.

WIDERLEGUNG: zweimal Sex an einem Tag.

WIE EIN BABY GESCHLAFEN: Ich habe kein Auge zu gemacht.

ÄSTHETISCHE BILDUNG: wenn man ohne Ton „Germany's
Next Topmodel" guckt und dazu Deutschlandfunk hört.

CHILLEN

Erkläre deinen Kindern: Eltern brauchen auch Zeit für sich. Um ein Buch
zu lesen, schwimmen zu gehen oder den Papa im Keller auszupeitschen.

DREIMONATSKOLIKEN

Wenn dein Baby an Drei-Monats-Koliken leidet, hier DREI HILF-
REICHE TIPPS:
1. Massiere das geblähte Bäuchlein.
2. Bewege das Baby sanft auf deinem Unterarm.
3. Ungesüßter Fencheltee mit ein paar K.-o.-Tropfen wirkt Wunder.

ERZIEHUNGSPHRASEN

Hier ein paar Tipps, wie man Erziehungsphrasen richtig einsetzt, und einige Beispiele für deren unglaublich vielfältige Verwendungsmöglichkeiten:

1. „Nein, das nimmst du nicht in den Mund." Diesen Satz sollte man maximal bis zur Vollendung des dritten Lebensjahres gebrauchen. Zehn Jahre später wird er dann wieder aktuell.

2. „Dafür bist du noch zu klein." Dieser Satz lässt sich nach abgeschlossenem Längenwachstum der Kinder für die eigenen Eltern recyceln, wenn diese anfangen zu schrumpfen.

3. „Weil ich mehr Lebenserfahrung habe als du." Passt zu vielen Lebenssituationen. Bitte darauf achten, dass die eigenen Eltern nicht in der Nähe sind.

4. „Du setzt die Mütze jetzt auf!" Von Oktober bis März ein Dauerbrenner bei der Kindererziehung. Jahreszeitenunabhängig vor dem Sex mit dem Partner.

5. „Wisch dir auch den Po ab." Sollte man gegenüber dem Vierzehnjährigen in Anwesenheit seiner Freunde nicht mehr sagen. (Es sei denn, er hat es verdient. Also immer.) Lässt sich auch zur Verbesserung des Arbeitsklimas einsetzen, wenn der Chef mit der *Bild* unterm Arm den täglichen Klogang antritt. Achtung: Birgt ein gewisses Karriererisiko!

6. „Ruf an, wenn du angekommen bist." Macht er/sie sowieso nie. Spar dir den Satz für den freundlichen Busfahrer (Berlin!) auf. So zeigst du, dass du dich für das Wohlergehen deiner Mitmenschen interessierst.

7. „Mach das Licht an, sonst verdirbst du dir die Augen." Medizinisch strittiger Hinweis. Außerdem solltest du dein Kind auf keinen Fall stören, wenn es tatsächlich etwas liest, das keine eigene Hintergrundbeleuchtung hat. In der Partnerschaft wird der Satz leicht modifiziert nach vierzig Jahren Ehe wieder interessant: „Mach das Licht AUS, sonst verdirbst du dir die Augen."

8. „Stopf dir nicht so viel auf einmal in den Mund." Kann man auch zu einem Supermodel sagen, während es einen Apfel isst.

Freiheitsentzug

Viele Eltern haben Angst, dass ihre Kinder entführt werden. Doch selbst wenn die statistische Wahrscheinlichkeit gegen null geht, gilt das Eherne Gesetz der Elternschaft: Vorbereitung ist alles! Für den Fall der Fälle solltet ihr euren Kindern deshalb folgende Sätze beibringen, damit sie ihre Entführer bei Laune halten:

1. Abwechselnd und im Fünf-Minuten-Rhythmus: „Dauert es noch lange?! Ich muss mal auf Toilette."
2. „Selbst wenn meine Eltern bezahlen: Darf ich hierbleiben?"
3. „Meine Eltern sind pleite, ich helfe euch, ein reiches Kind zu suchen."
4. „Ist ja lustig, die Handschellen kenne ich aus dem Schlafzimmer meiner Eltern."
5. „Ihr hättet meinen Bruder entführen sollen, er ist das Lieblingskind der Familie."
6. „Ihr denkt, ihr kriegt Lösegeld? Mein Vater ist Schwabe. Wenn ihr mich jetzt hier rauslasst, würde er mir nicht mal eine Fahrkarte nach Hause bezahlen."

Geburt

Die Geburt kann lange dauern, pack am besten vorher schon die Tasche.

Was unbedingt drin sein sollte: Bademantel, bequeme Kleidung für die Wochenstation, Hausschuhe, Waschutensilien. Und für deine Frau: Bademantel, bequeme Kleidung für die Wochenstation, Hausschuhe, Waschutensilien, Kleingeld für den Kaffeeautomaten, Ohrstöpsel, Bier, Trillerpfeife, Torwarthandschuhe, Gelbe und Rote Karte, Fan-T-Shirt …

Haustier

Dein Kind wünscht sich ein Krokodil als Haustier? Hier zwei Lösungsansätze:

1. Kauft gemeinsam Futter für das Krokodil. Geh mit dem Kind dazu in die nächste Zoohandlung und such den süßesten Hamster aus, den du finden kannst. Ist dein Kind kein Psychopath, dürfte sich das Problem von allein erledigen.
2. Kauf ein Stoffkrokodil und lern Bauchreden.

Intelligenzquotient

Leider reicht die Einschätzung der Eltern nicht aus. Intelligenztests sind die einzige Möglichkeit, eine Hochbegabung festzustellen. Intelligenztests – oder wenn das Kind sich mit drei Jahren den Po allein abwischen kann. Mit einem Stück Klopapier, auf dem es gerade den Satz des Pythagoras notiert hat.

Ja

Es muss auch Ja-Orte in eurer Wohnung geben. Ein Ja-Ort ist ein Bereich, wo euer Kind machen kann, was es will. Wie zum Beispiel in Papas Arbeitszimmer. Ihr könnt auch einen Ja-Ort einrichten, ohne eurem Kind zu sagen, wo. Das kann es dann per Topfschlagen herausfinden.

Kochen

Wenn euer Kind um die zehn Monate alt ist, könnt ihr öfter Gerichte kochen, die man gut mit den Fingern essen kann. Wie zum Beispiel trockenes Brot.
Übrigens, meine Kinder können *alle* Gerichte gut mit den Fingern essen.

Lauflerngerät

Nicht zu empfehlen sind Lauflerngeräte, denn damit wird dein Kind nicht lernen, zu fallen. Und seien wir ehrlich: Fallen ist eine der Fähigkeiten, die man braucht, um Profifußballer zu werden. Außerdem kann dein Kind sich mit einem Lauflerngerät zwar fortbewegen, sieht dabei aber auch immer ein bisschen behindert aus.

Mithelfen

Du kannst dein Kind beim Haushalt ruhig miteinbeziehen. Vor allem, wenn du keinen Bock hast, die Küche allein aufzuräumen, also immer. Kinder sind nicht nur billiger als jede Haushaltshilfe, man darf sie anschließend auch abbürsten, ohne mit einer Anzeige rechnen zu müssen. „Miteinbeziehen" heißt allerdings nicht: „Du setzt dich jetzt hier hin und bist still."

MEIN TIPP: Kleb deinen Kindern Schwämme unter die Schuhe und erzähl ihnen, die Wohnung sei eine Eisbahn. Zusätzliche Anreize schafft man durch Wettbewerb. Benote also Technik, Ausstrahlung und Gesamtvortrag.

Nein

Zu viele Neins frustrieren. Nicht nur den Partner, auch den Nachwuchs. Finde Variationen, wie zum Beispiel: „nicht", „keineswegs" oder „auf keinen Fall".

Oder lerne Nein in verschiedenen Sprachen: „no", „het", „hayir", „oxl" …

Obergescheit

Das können Anzeichen für eine Hochbegabung sein:

1. Dein Kind hat eine auffällig gute Beobachtungsgabe. Wenn es zum Beispiel sagt: „Aber Herr Vater, Sie suchen heute schon zum vierten Mal den Orkus auf. Haben Sie schlecht gespeist?" Oder: „Vater, stimmt es, dass die Sonne ein Stern ist, der aus Gasen besteht?" Und: „Vater, wenn ich vier Jahre alt bin, meine Mutter 16 Jahre und Sie 39, war es dann illegal, sie zu schwängern?"
2. Es behandelt Gleichaltrige wie Kinder.
3. Es nennt verschiedene Lösungsstrategien, wenn es um das Schließen der Schuhe geht.

Und das sind die Anzeichen für einen eher geringen IQ:

1. Dein Kind rennt über fünf Minuten im Kreis und brüllt: „Ich bin hochbegabt, ich bin ..."
2. Dein Kind ist neun und kann sich die Schuhe noch nicht zumachen, trotz Klettverschluss.
3. Im Zoo läuft dein Kind zum Gorillakäfig und ruft freudestrahlend: „Papa!"

Positiv

Positiv denken ist WICHTIG.

Wenn die Toilette geflutet ist, das Bad unter Wasser steht und dein Kind in der eigenen Scheiße schwimmt, denke ressourcenorientiert: Lass es als Nächstes das Seepferdchen-Abzeichen machen!

Qualitätsentwicklung

Als Eltern hängt man an den Lippen des goldigen Nachwuchses und erfreut sich an jeder neuen Vokabel. Dabei ist es doch so, dass, wenn euer Kind erst mal sprechen kann, es ständig nach Eiscreme fragt, darauf besteht, jeden Tag Gummistiefel zu tragen, oder euch mit der permanenten Wiederholung skurriler Wünsche foltert.

MEIN TIPP: Zögert das Sprechenlernen einfach hinaus.

Zum Beispiel so:

1. Sprecht möglichst wenig mit eurem Kind.
2. Verwirrt es, indem ihr Gegenstände anders benennen (Apfel für Banane usw.).
3. Schaltet den Fernseher ein und sucht den russischen Sender.

Ruhig

Bleib ruhig, wenn dein Kind nichts isst. Nutz die Chance, kontaktiere Heidi Klum und vereinbare ein Bewerbungsgespräch in zehn Jahren. Wenn dein Kind nichts isst, muss das nicht unbedingt bedeuten, dass es krank ist. Vielleicht liegt es einfach an deinen „Kochkünsten".

Stelle etwas Leckeres auf den Tisch und lockere die Zwangsjacke, damit dein Kind selbst den Löffel zum Mund führen kann. Stell sicher, dass du das Gaffa-Tape vom Mund entfernt hast.

Schütteln

Auch wenn die Nerven mal wieder blank liegen: Schüttele dein Baby niemals. Auch nicht, wenn es den Cocktailshaker partout nicht loslassen will.

Wie man schon an Affenbabys getestet hat: Sie gehen schnell kaputt und es dauert mindestens neun Monate, bis man ein Neues bekommt.

MERKE: Niemals und unter keinen Umständen schütteln!!! Das dürfen nur dafür ausgebildete Pädagogen.

Trennung

Kinder geben sich oft die Schuld an der Trennung der Eltern.

Nehmt euch Zeit und erklärt eurem Kind, dass nicht es, sondern der Postbote die Schuld trägt.

UNTER DRUCK

Realitätscheck: Jeder kennt Sätze wie „Jedes Kind entwickelt sich ja anders ..." oder „Irgendwann geht es dann ganz schnell." Diese Weisheiten helfen einem in den Momenten wenig, in denen das Kind beispielsweise immer noch nicht krabbeln kann. Vor allem, wenn sie von Eltern kommen, deren Kinder alles superschnell lernen.

MEIN TIPP: Nutz die vermeintlichen Entwicklungsrückstände deines Kindes! Wenn dein Kind noch nicht so gut krabbeln kann, lade Freunde mit Kindern ein, veranstalte ein Wettkrabbeln und setze alles Geld auf die Kinder der anderen. Sollte dein Kind doch unerwartet gewinnen, freue dich trotzdem über den Entwicklungsschritt. Das ist eine Win-Win-Situation – zumindest für dich: Entweder du wirst reich, oder dein Kind lernt vor aller Augen krabbeln.

VERSPRECHEN

Du hast deinem Kind versprochen, morgen mit ihm ins Schwimmbad zu gehen. Am nächsten Tag um sechs Uhr abends fordert es lautstark das Versprechen ein. Was tun?
Hier ein paar Vorschläge:

1. Erst mal die Lieblingsserie deines Sprösslings einstellen, in der Hoffnung, dass er das Schwimmbad darüber vergisst.

2. Du lügst und sagst, dass das Schwimmbad heute geschlossen hat.

3. Du gibst zu, dass du ein schlechter Mensch bist und es vergessen hast.

4. Du erkundigst dich erst mal nach einer schriftlichen Vereinbarung oder einem möglichen Zeugen.

5. Du gehst in die nächste Zoohandlung und kaufst als Entschädigung ein Seepferdchen.

6. Du rennst weg, versteckst dich und kommst erst wieder, wenn sich die Lage beruhigt hat.

Werte

Ich finde es wichtig, meine Werte an meinen Nachwuchs weiterzugeben. Nicht zu lügen finde ich nicht so wichtig, viel wichtiger ist doch, dass man sich gut entschuldigen kann.

Ich bin da Vorbild, entschuldigen liegt mir. Denke ich. Und wenn ich irgendwann mal einen Fehler mache, werde ich mich auch dafür entschuldigen.

X-tes Mal

Du musst immer alles wiederholen, weil du einfach kein klares Nein über die Lippen kriegst? Dein Kind kommt zum Beispiel immer wieder angelaufen, weil es Süßigkeiten haben will?

Mit diesen TIPPS fällt dir das Benutzen des N-Worts gleich viel leichter:

1. Du musst nicht Nein sagen, vielleicht fängst du erst mal mit einem „Noin" an.

2. Achtzig Prozent unserer Kommunikation läuft über die Körpersprache. Achte also auf eine ablehnende Mimik und Körperhaltung, dann reicht ein „Noin" völlig aus, um etwas zu verbieten.

3. Wir Menschen haben Angst, Nein zu sagen, weil wir befürchten, dann nicht mehr gemocht zu werden. Deshalb: Verbiete deinem Kind für eine Woche, ins Internet zu gehen. Es wird dich hassen! Und schon fällt dir das Neinsagen deutlich leichter.

Yin und Yang

Hier das Geheimnis entspannter Eltern. (Und mit „entspannte Eltern" meine ich nicht die Eltern, die unter Dauermedikation stehen.)

1. Trenn dich von deinem Partner, zieh aus und teilt euch die Kinder, dann siehst du sie nur noch die Hälfte der Zeit. Das ist natürlich mit ein bisschen Arbeit verbunden (Formulare ausfüllen, Sachen packen ...), aber von nichts kommt nichts.

2. Erlaube dir auch mal, unausgeglichen zu sein, das nimmt den Druck raus. Eltern, die tagsüber immer toootaaal entspannt sind, und da bin ich mir sicher, gehen nachts raus und werfen Katzenbabys gegen Häuserwände.

Zeit

Reserviere eine bestimmte Zeit des Tages, die N U R für den Nachwuchs da ist.

Für D E I N E N Nachwuchs, du kannst dir nicht irgendein gehorsames Kind aus der Nachbarschaft aussuchen! Und bitte nicht zwischen elf Uhr abends und sechs Uhr morgens.

Unternimm in dieser Zeit etwas gemeinsam mit deinem Kind. Du kannst zum Beispiel in den Park gehen, die Sonne genießen und dich von dort aus mit deinem Kind über WhatsApp unterhalten. Wenn du Sprachmitteilungen vermeidest, bekommst du gleich einen guten Eindruck von den Rechtschreibfähigkeiten deines Kindes und bist so bestens auf das nächste Elterngespräch mit der Deutschlehrerin vorbereitet. Das nennt man dann: zwei Fliegen mit einer Klappe.

DIE UMSTELLUNG

Irgendwie vergeht die Zeit so schnell und man ist so sehr am Machen und lebt im Moment, dass man die Umstellung nur unbewusst mitkriegt. Beziehungsweise sich später fragt: Wie war mein Leben eigentlich, bevor ich Kinder hatte?

Vorher sah mein Tag so aus: Judith kam immer um drei Uhr nachmittags von der Arbeit. Das heißt, ich habe bis halb drei geschlafen, bin dann hektisch aufgesprungen, um mir schnell einen Kaffee reinzuziehen. Dabei habe ich krampfhaft überlegt, was ich am Vormittag getan haben könnte. Also Gags geschrieben, extra viel Jonglieren geübt und natürlich mit etlichen Agenturen telefoniert. Um das dann Judith zu präsentieren. Meistens flogen meine Lügen auf. Ich hätte nicht so viel von Hollywood schwafeln sollen, das hat sie mir nicht abgenommen.

Einmal kam sie um drei nach Hause und weckte mich, weil ich verschlafen hatte. Das wollte ich natürlich nicht zugeben, also sagte ich: „Schatz, ich habe nicht geschlafen, ich habe meditiert, um mich zu suchen."

Meine Frau verdrehte die Augen: „Archie, Schatz, ich hoffe für dich, du findest dich nicht, sonst bist du sicher enttäuscht."

Ich habe freiwillig die Nacht auf der Gästecouch geschlafen. Oder auf dem, wie ich sie liebevoll nenne, „Hauptwohnsitz".

Einen Tag später haben wir aber wieder gemeinsam im Schlafzimmer geschlafen. Judith im Bett, ich im Hundekörbchen.

In der darauffolgenden Nacht hatten wir sogar wieder Sex, sie im Bett, ich im Hundekörbchen.

Insgesamt sind wir ein überdurchschnittlich glückliches Pärchen. Oder, wie Judith sagen würde: „Mit 'nem anderen Mann wäre es auch nicht besser."

Im Ernst, wir lieben uns, und ich denke, dass meine Frau der bessere Mensch von uns beiden ist, und sie weiß das auch. Ich lerne so viel von ihr, sie ist die geborene Pädagogin und Mutter und ich bewundere sie jeden Tag.

Zum Glück spielt Humor bei uns eine große Rolle im Alltag. Als Judith mal sauer auf mich war, fand ich ein Gedicht auf dem Küchentisch:

„Ich wünschte mir einen Prinzen,
doch wozu?
Denn alles, was ich bekam,
warst leider nur du."

Ich schrieb ihr auch eins:

„Schatz, sei froh, denn ein Prinz mit Krone,
interessiert sich für dich nicht die Bohne.
Ich hingegen lieb dich so wie du bist,
denn ich bin ein Humorist."

Das machen wir, um uns aufzuheitern. Humor ist bei uns regelmäßige Kommunikation. Ohne ihn wäre das gemeinsame Leben nicht halb so schön. Zumal es mit Kindern ja doch physisch und mental anstrengender ist. Aber auch schöner!

Bringen wir es auf den Punkt: Bevor ich Vater wurde, habe ich nichts gemacht. Die meiste Zeit lag ich auf dem Sofa, habe ferngeguckt und stand abends ab und zu zwei Stunden auf der Bühne.

Von unter zwölf Stunden im Monat mit viel Applaus zu einem 24-Stunden-Job ohne Applaus – das war eine gewaltige Umstellung. Aber auch die beste, die es gibt.

Mittlerweile ist meine Tochter Mona sechs Jahre alt und unser Sohn Ben drei.

Falls ihr also gerade in einer anstrengenden Phase seid: Haltet durch und macht euch gegenseitig eine Freude. Wenn ihr zum Beispiel seht, dass die Klopapierrolle leer ist, hängt doch eine neue an den Halter. Oder ihr macht noch etwas Aufwändigeres und befestigt dort einen Zettel:

> Schatz, ich hätte hier
> eine neue Rolle dranhängen
> können, wollte dir aber
> den Vortritt lassen.

ARCHIES TOP 3

TIPPS, WIE MAN DEN HAUSHALT TROTZ KIND IM GRIFF BEHÄLT:

⭐ Seine Sauberkeitsansprüche auf null runterschrauben.

⭐ Warte, bis das Kind eeendlich Mittagsschlaf macht, löse das Rohr vom Staubsauger, spiele darauf Didgeridoo und fange erst an zu saugen, wenn du ein tiefes Glücksgefühl verspürst.

⭐ Pistole kaufen, aufs Kind richten und sagen: „Räum jetzt auf!"

GRÜNDE, DEINEM KIND NICHT ZU VERTRAUEN:

⭐ Heutzutage kann man doch keinem mehr vertrauen. Vielleicht arbeitet dein Kind hinter deinem Rücken bei Adidas.

⭐ Vielleicht ist dein Kind im Krankenhaus bewusst vertauscht worden und in Wirklichkeit ein russischer Spion.

⭐ Achtzig Prozent der Morde passieren im eigenen Haushalt.

WIE DU AUF EINEN SPONTANEN WUTANFALL DEINES KINDES IM SUPERMARKT REAGIEREN KÖNNTEST:

⭐ Tu so, als ob es nicht dein Kind wäre, und beschwere dich beim Kassierer.

⭐ Bringe dein Kind in die stabile Seitenlage und warte, bis der Anfall vorbei ist.

⭐ Hol schnell einen Lolli raus, steck ihn dir in den Mund, setz Kopfhörer auf und geh in Ruhe einkaufen – so ein Anfall kann dauern.

PRO-CONTRA-LISTE

PRO

- *Ja, solange es richtig verpackt ist.*

- *Kinder lernen dadurch, Verantwortung zu übernehmen. Sagt der stinkreiche Besitzer eines Tierfriedhofs.*

- *Ein paar Kaninchen zum Kuscheln sind doch süß! Und in schlechten Zeiten werden sie „Assistenten des Osterhasen" und das Hühnchen schmeckt etwas komisch.*

- *Es ist nachgewiesen, dass Kinder, die mit Tieren aufwachsen, weniger Allergien bekommen. Ich hoffe, dass unsere Goldfische auch gegen Schuppen helfen.*

- *Es gibt jetzt auch einen Züchter, der verkauft „pädagogische Papageien", die rufen einmal am Tag für eine halbe Stunde: „Aufräumen, aber sofort!"*

- *Wir können extrem viel von Tieren lernen: Schnecken zum Beispiel zeigen uns, dass es okay ist, sich nicht für ein Geschlecht zu entscheiden.*

CONTRA

- *Haustiere sind reine Spritverschwendung. Erst kauft man einen niedlichen Welpen, und nach ein paar Monaten muss man extra weit fahren, damit er den Weg von der Raststätte nach Hause nicht findet.*

- *Tiere gehören auf den Teller, nicht ins Kinderzimmer.*

- *Mein Sohn kann sich nicht mal die Schuhe zubinden, wie soll er dann täglich mit dem Hund raus?*

- *Und im Krankenhaus muss ich dann wieder erklären, wie der Hamster im Enddarm unseres Sohnes gelandet ist. Nein danke!*

- *Nicht für meine Kinder. Ich habe eine Hundebesitzerallergie.*

Voll im Trend

Positives hervorheben und Negatives ignorieren

Aktion: Deine Tochter haut deinem Sohn mit einem Holzhammer auf den Kopf.

Deine Reaktion:
1. „Toll, dass du keinen echten Hammer genommen hast!"
2. „Das ist die Art Feminismus, die wir brauchen."
3. „Ich bin sehr stolz darauf, dass du die Nummer vom Notarzt schon auswendig kannst."

Aktion: Dein Kind hat Gummibärchen im Supermarkt geklaut.

Deine Reaktion:
1. „Das Überwachungsvideo sah sehr professionell aus. Du musst unbedingt zum Film!"
2. „Du hast die Veganen geklaut. Das ist unheimlich aufgeklärt von dir!"
3. „Grundsätzlich finde ich toll, dass du ein Hobby gefunden hast."

Aktion: Dein Kind hat eine Woche lang die Schule geschwänzt.

Deine Reaktion:
1. „Ich wusste doch, dass du dich auch allein beschäftigen kannst."
2. „Eine ganze Woche, und uns ist es erst jetzt aufgefallen! Langsam entfaltest du ganz eigene Talente!"
3. „Toll, dass du länger als zwanzig Minuten an einem Projekt dranbleibst."

Kurz berichtet

Kalte Füße

Ich muss zugeben, dass meine Frau im Privatleben mehr Humor hat als ich.

Als Judith mit unserem ersten Kind schwanger ist, gehen wir gemeinsam zum Geburtsvorbereitungskurs.

Alle Paare sitzen ganz brav da und die Hebamme sagt: „Wenn es dann losgeht mit der Geburt, müsst ihr ein zweites Paar Socken mitbringen, weil manche während der Geburt kalte Füße bekommen."

Ich: „Für mich oder für meine Frau? Ich habe jetzt schon kalte Füße."

Keiner lacht.

Die Hebamme guckt mich nur verständnislos an und sagt zu Judith gewandt: „Frau Clapp, der werdende Vater ist wohl ein Scherzkeks?"

Judith: „Nein, der ist Rechtsanwalt. Aber der ist heute nicht hier."

Da haben dann alle gelacht.

ENTWICKLUNGSGESPRÄCH

Heute haben wir Entwicklungsgespräch in der Kita.

Keine Ahnung warum, aber ich bin dann immer sehr aufgeregt. Man hofft, dass die Erzieherin einem sagt, dass sich das Kind super entwickelt hat und dass sie sich geehrt fühlt, auf ein so gut erzogenes Kind aufzupassen. Aber insgeheim ahnt man doch, dass das Gegenteil der Fall sein wird. Das letzte Mal hat die Erzieherin doch tatsächlich erklärt, dass meine Tochter in der Kita andere Kinder schlagen würde. Und meine Frau wusste sofort, wo das herkommt ...

Seit meine Tochter sitzen kann, wickle ich sie erst und dann hauen wir uns abwechselnd mit der Hand auf die Wange. Je doller wir zuhauen, desto mehr Spaß haben wir dabei. Im Nachhinein betrachtet war die Einführung dieses Rituals natürlich nicht ganz so schlau. Klar kann Mona noch nicht abwägen, wann und mit wem sie das spielen kann. Aber, ganz ehrlich, sie geht in eine Kita in Neukölln – ich denke, sie wäre auch ohne das Eingreifen der Erzieherinnen schnell darauf gekommen, dass es nicht von Vorteil ist, andere Kinder zu vermöbeln.

Ich bin also auf dem Weg zur Kita, zusammen mit Judith, die sich, im Gegensatz zu mir, freut zu hören, wie es dort läuft, wie sich Mona entwickelt und wie man sie noch unterstützen kann. Mich beschleicht eher das Gefühl, das ich als Kind am Zeugnistag hatte. Ich wusste, es wird scheiße, aber ich versuchte, cool zu bleiben, denn mir war klar: Es gibt nichts mehr zu ändern.

Die Erzieherin begrüßt uns mit einem Lächeln, aus dem ich noch nichts herauslesen kann. Ich weiß nicht, ob sie gut oder schlecht gelaunt ist. Sie eröffnet das Gespräch mit den Worten: „Also, die gute Nachricht ist ..." Seien wir ehrlich, damit ist alles gesagt. Eine wirklich gute Nachricht fängt nie, absolut *nie* mit den Worten „Also, die gute Nachricht ist ..." an.

„Also, die gute Nachricht ist: Ihre Tochter erweitert ihren Wortschatz. Die nicht so gute ..."

Warum kann keine Erzieherin einfach „schlecht" sagen?

„Die nicht so gute Nachricht ist: Monas neue Wörter sind in dieser Einrichtung nicht so gängig."

Ich denke mir: „Cool, meine Tochter bringt hier neuen Spirit rein!"

Meine Frau sagt entweder leise oder denkt so laut, dass ich es höre: „Archie, du Arsch."

Die Erzieherin macht weiter: „Ich habe hier mal das Sprachlerntagebuch mitgebracht."

Was sie eigentlich sagen möchte, ist: „Hier, Herr Clapp, ist der Beweis, dass Sie in der Gegenwart Ihrer Tochter nicht auf Ihre Sprache achten!"

Die Erzieherin liest vor: „Am 2. Mai sagte Ihre Tochter den ersten Dreiwortsatz."

Meine Frau seufzt gerührt auf: „Ach, wie schön."

Die Erzieherin guckt säuerlich drein und fährt fort: „Sie haben ihn noch nicht gehört."

Ich sage, ganz Komiker: „,Sie haben ihn noch nicht gehört'? Das ist ja sogar ein Sechswortsatz."

Die Erzieherin: „Sehr witzig."

Ich: „Zweiwortsatz!"

Die Erzieherin, so was von *not amused:* „Nein, Ihre Tochter sagte am 2. Mai: ,Halt die Fresse'."

Ich: „Ach, wie schön."

Meine Frau: „Archie!"

Die Erzieherin: „Es geht noch weiter. Am 16. Mai sagte Ihre Tochter: ,Hör auf, du Spacko'."

Meine Frau murmelt: „Das ist mir sehr unangenehm."

Ich sage: „Wenigstens war die Grammatik richtig."

Die Erzieherin schaut mich geheuchelt erwartungsvoll an: „Herr Clapp, wissen Sie eigentlich, was ,Spacko' bedeutet?"

Ich antworte: „Ja, klar. ,Armer im Geiste', ,Halbgescheiter' oder auch ,Erzieher'."

Damit ist das Entwicklungsgespräch beendet, zumindest für mich. Ich muss vor der Tür warten. Was mir aus Schulzeiten bekannt ist. Als Judith und ich auf dem Heimweg sind, schweigen wir. Dort angekommen, klappe ich freiwillig den Hauptwohnsitz im Wohnzimmer aus.

Am nächsten Morgen weckt mich meine Tochter mit den Worten: „Guten Morgen, du Spacko."

Ich sage: „Halt die Fresse."

Ich bin kein ausgesprochener Freund von Schimpfwörtern. Ich will aber auch nicht alles supereng sehen. Ich achte mit jedem Kind, das ich bekomme, mehr auf meine Sprache. Und mir ist klar, dass die Sprache wichtig ist. Ich persönlich finde Denken und Respekt noch wichtiger, beides lässt sich ja auch durch Sprache ausdrücken.

Um ehrlich zu sein, bringt Mona aus der Kita viele neue Schimpfwörter mit nach Hause, über die ich mich freue – denn sie erweitern meinen Horizont.

In diesem Sinne: Lest weiter, ihr Dumm-Esel-Kacka-Haufen.

ARCHIES TOP 3

GRÜNDE, WARUM MAN IM KINDERZIMMER NICHT RAUCHEN SOLLTE:

⭐ Sei ein Vorbild! Die Legofiguren könnten es sonst heimlich nachahmen.

⭐ In den meisten Kinderzimmern gibt es keine Aschenbecher.

⭐ Der pädophile Nachbar könnte es durch sein Fernrohr sehen und das Jugendamt informieren.

SÄTZE, DIE DEINEM SPRÖSSLING MEHR SELBST-VERTRAUEN GEBEN:

⭐ Ich traue dir zu, dass du das nicht schaffst.

⭐ Du darfst Fehler machen, nur vertusche sie gut.

⭐ Ich habe dich lieb, egal was ich tue.

PRO-CONTRA-LISTE

PRO

- Ja. Egal, wie du da rankommst.

- Je hässlicher du bist, umso besser müssen deine Noten sein. Schöne Menschen bekommen leider leichter einen Job.

- Um Astronaut zu werden, leider ja. Wenn du in einer Schule bist, die keine Noten vergibt, schmink dir das mit dem Zum-Mond-Fliegen ab. Allerdings kannst du dann Künstler werden, zum Beispiel Geschichtenerzähler, und behaupten, dass du schon mal zum Mond geflogen bist.

- Gute Noten sind superwichtig, um später mal etwas Bedeutendes zu studieren, reich zu werden und zu heiraten ... und sich dann scheiden zu lassen, seinen Job zu verlieren, in einen Wohnwagen zu ziehen und eine tolle Story auf Lager zu haben.
  PS: Zieh gleich in einen Wohnwagen, spart Zeit.

CONTRA

- *Ich würde sagen, die Richtigen sind wichtig, zumindest, wenn du Musikerin werden willst.*

- *Im russischen Schulsystem ist eine Fünf gut. Sei anders, sei Russe!*

- *Nein, sie sind vor allem für die Zukunft wichtig.*

- *Wenn du später mal auf einem Baum wohnen willst, nicht unbedingt.*

● *Die Gesellschaft bevorzugt intelligente Menschen. Lasst uns die Dummen unterstützen, indem wir uns alle ein bisschen dumm stellen. Einige müssen da gar nicht so viel verändern.*

Kurz berichtet

Harte Nuss

Neulich bei uns zu Hause. Meine Tochter kommt ins Zimmer und fragt geradeheraus: „Papa, wen liebst du mehr?"

Das ist so ein Moment, in dem ich denke: Archie, jetzt musst du erwachsen werden und etwas Richtiges und Tolles antworten. Und ich bin bis heute sogar ein bisschen stolz auf meine Antwort. Nachdem ich also länger überlegt habe, sage ich: „Du bist meine Lieblingstochter und dein Bruder ist mein Lieblingssohn."

Was sagt meine Tochter?

Mona: „Papa, du bist eine Pussy."

Ich drehe den Spieß um: „Sag mal, ~~...t du denn mehr,~~

Windeln für alle!

In einem Café. Eine ältere Frau über meinen dreijährigen Sohn:
„In dem Alter braucht ein Kind aber keine Windeln mehr!"

Ich: „Nee, er nicht, aber Sie kommen bald wieder in dieses Alter."

WARUM „WARUM"?

Ich hole meine Tochter von ihrer Freundin ab, sie hat dort ganz allein übernachtet. Meine Frau und ich haben uns auch einen schönen Abend gemacht, von dem ich nicht mehr viel weiß. Ich habe Kopfschmerzen und mir ist schlecht. Mona wirft sich in meine Arme und ruft: „Papa!"

Ich umarme sie und sage ihr, wie stolz ich auf sie bin.

Danach fahren wir mit der U-Bahn nach Hause und ich versuche, mich nicht zu übergeben. Mona fragt: „Und, Papa, was habt ihr so gemacht?"

Ich sage: „Ich wäre auch froh, wenn ich dir diese Frage beantworten könnte."

Dieser Satz erntet schon mal komische Blicke in der U-Bahn. Mona fragt weiter: „Wozu sind Bürgersteige da?"

Ich: „Damit Fußgänger ohne Gefahr von A nach B kommen."

Mona: „Warum haben Menschen Knochen in den Armen?"

Ich: „Puh, äh. Ja … also … damit die Arme nicht schlaff runterhängen."

Die Warum-Phase ist wichtig und ich bin auch Vater, damit ich meiner Tochter die Welt erklären kann. Ja, auch morgens um neun Uhr, wenn man völlig übermüdet und verkatert U-Bahn fährt.

Die Warum-Phase treibt manche Eltern allerdings auch fast in den Wahnsinn, mich eingeschlossen.

Meine Tochter kennt da keine Gnade und fragt munter weiter: „Was ist das?"

Ich: „Ein Fahrrad."

Sie: „Und das?"

Ich: „Eine Gangschaltung."

Sie: „Wofür ist die?"

Ich: „Damit man den Berg leichter rauf- ... und bergrunter ... das, äh, kann dir nachher bestimmt Mama erklären."

Ich versuche, meine Übelkeit unter Kontrolle zu halten, und überlege, wie ich ihr die scheiß Gangschaltung erkläre, als sich eine Frau einmischt.

„Ich bin froh, dass ich nicht Ihre Tochter bin."

Durch diesen Seitenhieb schießt mir Adrenalin durch die Adern, plötzlich bin ich hellwach.

Ich kontere: „Wären Sie meine Tochter, wären Sie ganz schön alt und fett für Ihr Alter und Sie hätten jetzt Hausarrest."

Mona: „Was ist Hausarrest?"

In solchen Momenten wünscht man sich heimlich einen Mute-Knopf fürs Kind. Nur so für zehn Minuten. Es könnte weiterfragen, aber man würde es nicht hören.

Es geht ja auch nicht nur darum, eine Frage einfach zu beantworten. Man muss doch erst mal überhaupt Ahnung vom Thema haben und die Antwort dann noch kindgerecht übersetzen. Sonst würde am Ende auf eine einfache Frage wie „Warum scheint die Sonne?" die Antwort so ausfallen: „Vier Wasserstoffatome verschmelzen mit je einem Heliumatom, denn die Sonne ist ein Stern, der aus Gasen besteht und …" Spätestens hier würde dein Kind abschalten. So wie wahrscheinlich jeder andere Mensch auch. Und ja, das habe ich bei Wikipedia nachgeschaut.

Wir steigen aus der U-Bahn aus und laufen weiter Richtung zu Hause.

Mona fragt immer weiter: „Papa, warum kacken hier alle Hunde auf die gleiche Stelle?"

Ich: „Das ist wahrscheinlich das selbsterwählte Hundeklo."

„Aha, und woher", fragt Mona, „weiß der erste Hund, dass er da hinkacken soll? Und Maulwürfe … Ich habe gehört, dass die nicht so gut gucken können, warum?"

Ich sage: „Vielleicht, damit sie nicht die ganze Hundekacke sehen müssen."

Ja, bei manchen Fragen schießt sie mich ins Aus. Ich versuche das locker zu nehmen und zu differenzieren: Welche Fragen sind wichtig für ihr Leben und welche nicht?

Wenn ich was nicht weiß, kann ich es schnell googeln, klar. Aber viel lieber erfinde ich eine coole Geschichte, so wie bei den Maulwürfen. Und es fällt mir verdammt schwer, sie nicht zu erzählen. Doch ich weiß: Das kann fatale Folgen haben. Meine Mutter dachte noch als Jugendliche, der Schaltknüppel im Auto sei dafür da, um das Benzin umzurühren, damit es nicht fest wird. Ihr Vater hatte ihr das mal erzählt und es nie richtiggestellt. Sie lebte also jahrelang mit dieser Vorstellung.

Meistens habe ich in der Öffentlichkeit Spaß mit meinen Kindern. Ich entschuldige mich auch nicht immer superschnell für ihr Verhalten. Ich finde es gut, wenn meine Kinder Kontakt zu anderen aufnehmen und Kind sein dürfen. Natürlich nur, solange es im Rahmen bleibt.

Wir sitzen im ICE. Ich weiß nicht, ob es euch schon mal aufgefallen ist, aber Schaffner haben oft blond gefärbte Haare, die zur Hälfte rausgewachsen sind. Warum?

Vielleicht ist das der subtile Humor der Deutschen Bahn. Ob die Schaffner das tun müssen? Damit alle Fahrgäste sich optisch überlegen fühlen?

Wie auch immer, ich bin mit meiner Tochter mit dem ICE unterwegs. Und sie fragt den Fahrkartenkontrolleur: „Wo ist hier die Toilette?"

Er: „Guck mich an, wenn ich mit dir rede."

In dem Moment wird es still im Waggon und alle hören zu. Mona sagt: „Aber dann muss ich lachen, weil du so lustige Haare hast."

Alle im Abteil finden es witzig. Alle außer einem. Der Fahrkartenkontrolleur wird sogar rot, was ehrlich gesagt noch lustiger aussieht mit den wasserstoffblond gefärbten Haaren. Er sagt zu mir: „Erziehen Sie mal Ihre Tochter."

Ich sage: „Hast du gehört? Schatz, es ist unhöflich, jemanden darauf aufmerksam zu machen, dass er sich als Mensch aufgegeben hat."

Das finden wieder alle im Abteil lustig. Alle außer einem. Da wir die BahnCard zu Hause vergessen haben, dürfen wir bei der nächsten Station aussteigen. Und das finden vor allem zwei Menschen gar nicht witzig. Aber einer sehr.

Ich habe die Frage nach der Gangschaltung schon fast vergessen, meine Tochter nicht. Wir öffnen die Wohnungstür und Mona fragt als Erstes: „Mama, wofür ist die Gangschaltung am Fahrrad?"

Ohne zu überlegen, antwortet meine Frau: „Um das Benzin umzurühren, damit es nicht fest wird."

ARCHIES TOP 3

SÄTZE, DIE MAN SAGEN SOLLTE, WENN MAN VON DEN KINDERN BEIM SEX ERWISCHT WIRD:

★ Artistik ist nicht nur was für Kinder.

★ Wir wollten gerade duschen gehen, da ist der Papa ausgerutscht und auf mich draufgefallen.

★ Wir wurden überfallen und uns wurden die Klamotten geklaut. Sie haben Papa an die Heizung gekettet.

SÄTZE, DIE MAN NICHT SAGEN SOLLTE, WENN MAN VON DEN KINDERN BEIM SEX ERWISCHT WIRD:

★ Ich penetriere euren Vater gerade mit einem 30-Zentimeter-Dildo.

★ Alles gut Kinder, eure Mama will das. Wir haben ein Safeword.

★ Ratet mal, wer beim Strip-Poker verloren hat?

PRO-CONTRA-LISTE

Solltet ihr mit eurem Kind in Babysprache sprechen, obwohl das nachweislich die Sprachentwicklung verzögert?

CONTRA

● *Natürlich nicht, das verzögert schließlich die Sprachentwicklung.*

PRO

● *Ja, es macht einfach zu viel Spaß.*

CONTRA

● *Man muss Vorbild sein und das Richtige tun.*

PRO

● *Macht Spaß! Will Spaß! Hihihi!*

CONTRA

● *Frühe Sprachförderung, am besten mehrsprachig, ist der erste Schritt zu einer erfolgreichen Karriere.*

PRO

● *Spaß! Spaß! SPASS!*

CONTRA

● *Es ergibt überhaupt keinen Sinn, eine infantile Fantasiesprache zu benutzen, die niemand versteht.*

PRO

● *Gugu gaga, bla bla bla.*

Kylo-Odin oder Luna-Juna?

Man sucht lange nach dem perfekten Namen, und wenn man ihn gefunden hat, muss man seinen Partner auch noch davon überzeugen.

Ich heiße Archie. Nicht Archiebald, nicht Arschie, einfach Archie. Was wurde ich gehänselt in der Schule! Noch keinen anderen Archie habe ich kennengelernt. Auch heute noch, im Erwachsenenalter, sagen Leute zu mir:

„Also, das ist doch kein schöner Name und er klingt auch überhaupt nicht deutsch." Ich wurde zwar tatsächlich in England geboren, allerdings ist „Archie" ein altdeutscher Name. Das heißt, es gab mal Archies, die hier lebten.

Trotzdem musste ich früh einsehen, dass mein Name nie ein Trendname sein würde. Und irgendwann war ich darauf richtig stolz. Und dann bekommt der englische Prinz Harry mit seiner Frau Meghan ein Baby und nennt es – *Archie*. Über Nacht wurde mein Name cool. Auf einmal haben mir Leute ernsthaft gratuliert und gesagt, was ich für einen tollen Namen hätte. Ich selbst bin der lebende Beweis dafür: Heute Flop und morgen top.

Kurzum: Ich weiß nicht, ob es möglich ist, den perfekten Namen für sein Kind zu finden. Bei Judith und mir war das auch ziemlich schwierig. Ich wollte einen lustigen Namen, so was wie „Chair" oder

„Tomane". Weil unser Kind dann „Clapp Tomane" aufgerufen würde oder „Clapp Chair", was so viel wie „Klappstuhl" heißt. Judith war, wie ihr euch denken könnt, nicht sehr begeistert. Also mussten wir weitersuchen.

Es gibt ja Apps, in denen man die Namen, die in Frage kommen, auswählt und der Partner macht das Gleiche und zum Schluss werden einem die Übereinstimmungen angezeigt. Obwohl ich anfangs skeptisch war, haben wir es ausprobiert. Es gab eine Übereinstimmung: Kevin.

Humorsozialisation

ICH MUSS JETZT ETWAS AUSHOLEN, weil ich nun mal Berufskomiker und in einer sehr humorvollen Kleinkunstfamilie aufgewachsen bin. Humor kann man seinen Kindern nicht erklären, man muss ihn leben.

Das ist genauso, wie etwas zu teilen. Man kann es seinem Kind nicht einfach vorschreiben, auch das muss man vorleben. Leider.

Ich bin ja in England geboren und dort gehört Humor

zum Alltag. Er wird täglich gegeben, genommen, geteilt und als gängiges und akzeptiertes Kommunikationsmittel eingesetzt.

Ich trete hierzulande öfter vor allem in englischen und amerikanischen Firmen auf und stelle fest, dass deren Mitarbeiter Witze auf Kosten ihrer Firma machen – oder auf Kosten von Kollegen.

Aus einem Jahresabschlussbilanzübersichtskostennutzengespräch: „Die Umsätze von diesem Jahr waren super. Das wird nächstes Jahr nicht so sein, weil Dave der neue Geschäftsführer ist." (Lacher)

„Nicht nur, weil er die Tochter vom Chef geheiratet hat, sondern weil sich sonst keiner auf den Posten beworben hat." (Lacher)

„Das heißt, wir sollten uns alle neue Jobs suchen." (Lacher)

„Hier die gute Nachricht: Das Bier ist heute kostenlos. Auf Dave! Prost!" (Applaus)

Würde sich diese Szene in einem deutschen Unternehmen abspielen, wäre das für „Dave" eine verbale Enthauptung und alle würden sich fragen, was da los ist und was dieser Dave falsch gemacht hat.

Wenn in England einer über den anderen einen Witz reißt, dann traut er es dem Gegenüber zu, darüberzustehen. Er weiß, dass der andere die Größe hat, damit umzugehen (nicht immer, aber in den meisten Fällen). Er kann über sich selbst lachen.

Wir Deutschen sind da direkter. Wenn wir mit Ironie oder gar Sarkasmus anfangen, ist das Kind meist schon in den Brunnen gefallen. Und etwas stimmt nicht.

Humor kann aber in bestimmten Situationen helfen. Meine Familie hatte, als wir nach Deutschland kamen, in den ersten Jahren sehr wenig Geld. Und Humor war für meinen Vater die Waffe, als vermeintlich Schwächerer Größe zu zeigen und auf Augenhöhe zu sein mit Leuten, die mehr materielle Dinge besaßen als wir oder einen akademischen Grad hatten.

Mit Humor kommentiert man seine Schwächen.

Meine Kinder haben noch einen sehr eigenen Humor. Wir albern gern rum, äffen uns gegenseitig nach oder kitzeln uns durch. Dabei denke ich gern an die Zukunft: Wenn meine Kinder einen gesunden Sinn für Humor entwickeln, ist das nur gut für ihr Selbstbewusstsein.

Ich versuche also, meinen Kindern eine gesunde Selbstironie mit auf den Weg zu geben, denn die kann das Leben nicht nur erleichtern, sondern auch verschönern.

Manchmal ist es aber auch gut, wenn meine Frau mich ausbremst. Dazu ein real erlebter Dialog:

Mona: „Stirbt man wirklich, wenn man in die Steckdose fasst?"
Ich: „Keine Ahnung, probier es doch mal aus."
Judith: „Bist du verrückt? Die macht das wirklich."
Ich: „Schatz, sie müsste schon zwei Nägel nehmen und beide Löcher gleichzeitig treffen. Wie hoch ist bitte die Wahrscheinlichkeit …?"
Mona: „Ah, zwei Nägel …"
Judith: „Kinder verstehen Ironie erst mit acht, du Vollidiot."
Ich: „Schimpfwörter schon früher."
Mona: „Haha! Vollidiot!"

DURCH KINDER ENT-STEHEN FEINDSCHAFTEN FÜRS LEBEN

Heute sind wir verabredet mit einer Freundin, deren Kind im Alter von Ben ist: zehn Monate.

Meine Frau hält super Kontakt zu ihren Freundinnen, die mittlerweile ebenfalls alle Kinder haben. Die meisten meiner Freunde haben keine Kinder, sie haben Probleme.

Tatsächlich ist mein Freundeskreis eingeschrumpft, seitdem ich Kinder habe. Vorher hatte ich auch keinen riesigen Freundeskreis, ich bin nicht so gut darin, Freundschaften zu pflegen. Vielleicht wäre das anders, wie Judith sagt, wenn ich nicht alles laut aussprechen würde, was ich über andere denke.

Meine Frau ist da anders. Sie verabredet sich nicht nur mit ihren Freundinnen, sondern auch mit irgendwelchen Müttern, die sie auf Spielplätzen oder in Rückbildungskursen kennenlernt.

Im Rückbildungskurs habe ich es dann auch mal probiert, wurde aber rausgeworfen, obwohl meine Wampe immer noch beträchtlich ist.

Jetzt klingelt es also. Wir öffnen – und Conny und Julius stehen vor der Tür. Sie kommen herein. Julius kann mit seinen zehn Monaten schon laufen. Er wurde nicht wie die meisten Kinder gezeugt, denn Conny ist mit einer Frau zusammen und hat sich befruchten lassen, von einem Spender aus Finnland.

Meine Frau interessiert sich für andere Dinge: „Sag mal, Conny, der Julius kann schon laufen. Wie habt ihr das denn geschafft?"

Conny: „Du, das hat er sich ganz allein beigebracht. Er ruht sich in der Nacht gut aus, schließlich schläft er von Anfang an durch. Wir haben uns auch gewundert. Er schläft sogar allein ein!"

Judith: „Wow, und wollt ihr ein zweites Kind haben?"

Conny: „Ja, das soll dann meine Partnerin austragen. Allerdings hat der finnische Spender aufgehört zu spenden."

Judith: „Wie schade, sonst hätte ich vielleicht auch was genommen."

Ich mische mich leicht nervös ein: „Schatz, das kann doch nicht dein Ernst sein!"

Judith: „Na ja, Archie, überleg doch mal: Das muss ein richtiges Supersperma sein. Er läuft schon, schläft durch und bringt sich quasi selbst ins Bett."

Ich weiß natürlich, dass Judith bloß einen Scherz gemacht hat. Hoffe ich ... Aber laut Conny bin ich sehr, sehr blass geworden. Sie zwinkert mir zu: „Du schläfst heute wohl nicht gut durch, stimmt's?"

Ich möchte ihr antworten, dass ich sehr enttäuscht bin, dass der superschlaue Julius noch keinen Nobelpreis gewonnen hat. Aber ich denke an Judiths Empfehlung, nicht alle Gedanken laut auszusprechen. Stattdessen strecke ich, als keiner hinguckt, bloß Einstein-Julius die Zunge raus.

Um andere Väter kennenzulernen, hat mich Judith zur musikalischen Früherziehung geschickt. Ich schnappe mir also Ben und gehe los. Dort angekommen sehe ich nur Frauen – und zwei Männer. Immerhin, denke ich mir.

Vor allem wir Eltern sollen mitsingen, was die Frauen sehr gut hinkriegen. Im Gegensatz zu uns Männern. Der eine Mann sitzt mit rotem Kopf in der Ecke und öffnet und schließt beim Singen nur pantomimisch den Mund. Er sieht dabei aus wie ein Fisch, der auf dem Land nach Luft schnappt. Der andere Mann ist der Typ Mensch, den wir wohl alle von Spielplätzen kennen: eine Mischung aus Über-Pädagoge und besorgtem Helikopter-Dad. Ich nenne diese Eltern liebevoll „Hubschrauber-Pädagogen". Sie haben null Feingefühl für sich oder ihre Umwelt. Sie sind gut zu ertragen auf Spielplätzen, auf denen man sich aus dem Weg gehen kann. Aber in einem Musikkurs sieht das ganz anders aus.

Wir sitzen nebeneinander, so eng, dass sich unsere Knie berühren, obwohl ich mich schon zusammenquetsche wie eine zusammengeklappte Sonnenliege. Im Gegensatz zu ihm, der Körperkontakt, mit wem auch immer, offenbar spitze findet. Der Gruppe stellt er sich folgendermaßen vor: „Hallo, ich bin der Adelbert, meine Freunde nennen mich aber Adonis."

Und dann lacht er, als Einziger, dafür aber lange. Sein Lachen hört sich an wie ein Auto, das jemand zu starten versucht, was aber nicht gelingt.

Adonis schmettert die Lieder mit aller Kraft, die in seiner Lunge steckt, heraus. Offenbar hat der Mann eine gewaltige Lunge. Leider kann er die Töne nicht halten und hat ein Lautstärkeproblem nach oben. Dafür klatscht er falsch im Takt mit. Das macht aber nichts aus, zumindest nicht ihm. Diese Hubschrauber-Pädagogen akzeptieren ja jeden und alles und erwarten das auch von allen anderen. Ich bin mir sicher, wenn ich ihm sagen würde: „Du, Adonis, ich schlage meine Frau", würde er sein Scheißlächeln aufsetzen und mit seiner „Ich habe ganz viel Verständnis"-Stimme sagen: „Ah, ich würde so etwas nicht machen, aber wer bin ich schon, um andere zu bewerten? Nur weiter so."

Ich denke, in Wahrheit mag ich diese Menschen nicht, weil sie besser sind als ich. Ich bin wahrscheinlich einfach neidisch, weil sie sich trauen, zu singen. Ich hasse sie auch nicht wirklich, leider.

Wenigstens ist dieses Exemplar in einer Sache *nicht* besser als ich: singen. Gegen ihn würde aber auch ein brunftiger Wolf, der den Mond anheult, haushoch gewinnen.

Meine Taktik geht nicht auf: einfach schneller zu singen, damit die Stunde kürzer wird. Zwar kann ich die Gruppe ein bisschen antreiben. Das hat aber zur Folge, dass wir noch ein Lied dranhängen.

Nein, im Musikkurs habe ich keine Freundschaften schließen können, zumindest nicht zu Gleichaltrigen. Zu dem Fisch habe ich versucht, Kontakt aufzunehmen. Leider tat er nicht nur so, als hätte er keine Stimme, er hat wirklich keine. Er ist stumm.

Ich würde lieber meine Frau schlagen, als mich mit Adonis privat zu treffen. Da bleibe ich eben ein einsamer Wolf auf den Spielplätzen Neuköllns.

ARCHIES TOP 3

WIE GEHT MAN MIT DEM ERSTEN FREUND DER TOCHTER UM?

Bitte genau lesen: Ich schreibe „um*gehen*" nicht „um*bringen*"…!

⭐ Ihn akzeptieren, solange man ihm körperlich unterlegen ist.

⭐ Ihm ein Kondom mitgeben und sagen: „Wenn meine Tochter nicht um 22 Uhr zu Hause ist, wirst du es brauchen. Denn dann fick ich dich!"

⭐ Man bittet ihn höflich herein, nimmt Maß, geht kommentarlos in den Garten und fängt an, ein Loch zu graben.

DINGE, DIE MAN MIT SEINEM KIND GEMACHT HABEN SOLLTE:

⭐ Quality Time zusammen genießen. Dein Kind vor der PlayStation, du vor dem Fernseher.

⭐ Vor McDonald's demonstrieren und sich in der Pause einen Cheeseburger holen.

⭐ Seinem Kind und sich eine Glatze rasieren und nach Disney World fahren. (Nur hinfahren kann ja jeder.)

PRO-CONTRA-LISTE

Ist es vorteilhaft, ein hochbegabtes Kind zu haben?

PRO

- *Endlich könnte mir jemand die Dummheit der Menschen erklären.*

- *Hochbegabt in den Bereichen „Allein den Po abwischen", „Allein einkaufen" und „Allein Kinderzimmer aufräumen" wäre großartig!*

- *Am besten zwei, dann können die miteinander spielen, Differentialrechnung oder so.*

- *Hoffentlich eins, das die eigene Trotzphase überspringt oder sich zumindest dafür entschuldigt.*

CONTRA

- *Nein danke, nicht noch ein Kind, das „besonders" gefördert werden muss.*

- *Ich hätte Angst, dass die Hochbegabung durch meinen Einfluss wieder verschwindet.*

- *Nicht noch ein Loser in der Familie! Kein Mädel steht auf „Hey Süße, ich kann den Satz des Pythagoras rückwärts aufsagen."*

- *Er könnte vielleicht die großen Probleme der Welt lösen, allerdings auch das perfekte Verbrechen begehen. Ist das jetzt pro oder contra?*

- *Ich will der „ewige Hochbegabte" in der Familie bleiben. Die Lüge fliegt doch sonst auf.*

- *Ich möchte lieber ein leibliches Kind.*

Kurz berichtet

Bist du behindert?!

Ich war mal mit einem guten Freund, der behindert ist und im Rollstuhl sitzt, in einem Café. Ich weiß, man sagt nicht mehr „behindert", das heißt jetzt „Menschen mit Einschränkungen". Ganz ehrlich, „Menschen mit Einschränkungen" klingt behindert. Ich habe einen besseren Vorschlag: „Typ, dessen Kumpel kostenlos ins Kino kann". Mein Freund und ich sitzen also im Café. Aus Versehen stoße ich meine Cola um. Als die Kellnerin kommt und die Cola genervt aufwischt, er zu ihr: „Und Sie dachten, *ich* bin behindert."
Wir alle drei haben Tränen gelacht.

Rote Rosen

Ich habe mit meiner Frau einen Deal:
Es gibt keine Lügen zwischen uns, nicht mal eine kleine. Einmal kaufe ich Judith einen schönen Strauß Rosen, *rote* Rosen. Als sie nach Hause kommt, sieht sie den Strauß in der Küche und sagt: „Das ist aber lieb, Archie. Hast du mir die gekauft, weil du mich liebst?"
Ich: „Ja, ääh, auch."
Ich will ja nicht lügen, also sage ich: „Und weil die im Angebot waren für sieben Euro."
Da rastet sie aus: „Was?! Du spinnst wohl, ich bin dir nur sieben Euro wert?!"
Ich: „Um genau zu sein, habe ich den Verkäufer noch auf vierfünfzig runtergehandelt."
Hätte ich das gewusst, hätte ich mindestens dreißig Euro für den Strauß bezahlt ...

MULTITASKING

Meistens steht meine Frau morgens auf und kümmert sich um die Kinder oder wir machen das gemeinsam. Ich bringe gern die Kinder ins Bett, dafür komme ich morgens schwer aus den Federn. Da Judith dieses Wochenende gearbeitet hat, möchte ich sie ausschlafen lassen. Sie sagt: „Wirklich? Morgens ist es manchmal ein bisschen stressig allein. Schaffst du das?"

Ich setze einen empörten Blick auf und sage: „Ha, ich bin Mr. MultitasKing, das kriege ich schon hin."

Multitasking ist eine der Fähigkeiten, die man manchmal einsetzen muss, um seinen Verstand nicht ganz zu verlieren. Als Jugendlicher auf der Artistenschule habe ich schon früh gelernt, etwas zu balancieren und gleichzeitig zu jonglieren. Währenddessen habe ich mich auch noch mit Klassenkameraden unterhalten. Trotzdem war das nichts im Vergleich zu einem ganz „normalen" Morgen mit zwei Kindern.

Hier ein Einblick in das zuckersüße Leben der Familie Clapp an einem Montag:

Mein Hund jault, ich wache davon auf, wahrscheinlich muss er bald raus.

Ich gucke auf die Uhr. Mist, verschlafen! Wir müssen spätestens in einer Stunde in der Kita sein.

Ich rufe: „Kinder, aufwachen! Wir müssen uns beeilen. Cora jault und die Kita hat schon angefangen."

Tochter antwortet: „Ich will nicht in die Kita."

Sohn schläft weiter. Ich nehme ihn auf den Arm und laufe in die Küche. Ich fange einhändig an, den Tisch zu decken, Sohn schläft weiter auf meinem anderen Arm, der mir vermutlich gleich abfallen wird.

Tochter kommt aus dem Kinderzimmer.

„PAAAAPA, kannst du mir helfen, die Puppe anzuziehen?"

Ich sage: „Psssst, nicht so laut! Mama darf heute ausschlafen. Guck doch mal, ich habe deinen Bruder auf dem Arm und versuche mit der anderen Hand Frühstück vorzubereiten. Deine Puppe ziehen wir später an, okay?"

Tochter (von meinen Fähigkeiten völlig unbeeindruckt): „Nein, jetzt."

Sohn ist mittlerweile wach, hüpft auf den Boden und läuft ins Kinderzimmer.

Zeitsprung, zwei Minuten später.

Tochter: „Papa, Ben hat ein Buch in die Toilette geworfen."

Ich sprinte ins Bad.

„Ben, warum hast du das gemacht?"

Sohn: „Weil ich wollte."

Okay, das könnte man als interessanten philosophischen Ansatz so stehenlassen, geht aber aus pädagogischen Gründen natürlich nicht.

Deshalb sage ich: „Das sollst du trotzdem nicht machen, jetzt kann man das Buch nicht mehr lesen."

Ich fische das Buch aus der Toilette, trockne es ab, lege es auf die Heizung und wasche mir die Hände.

Zeitsprung, fünf Minuten später.

Alle sitzen am Tisch. Das Jaulen des Hundes ist nicht mehr zu überhören. Ich hoffe, er sucht sich nicht eines Tages eine andere Familie. Oder geht lieber ins Heim, Tierheim.

Tochter: „Können wir einen Film gucken?"

Sohn: „Jaaa!"

Ich: „Neeeein! Morgens gucken wir nie Filme."

Tochter: „Ich will keinen Toast, ich will lieber Vornflakes."

Sohn: „Ich auch, mit Lich."

Ich stehe auf, hole Cornflakes, Milch, versuche alles, damit mein Sohn sitzenbleibt, und setze mich auch wieder hin. Mit etwas eingefrorenem Lächeln im Gesicht.

Tochter: „Ich muss mal kacken."

Ich: „Ja, dann geh."

Ich gieße meinem Sohn die Vornflakes und die Lich ein. Mir auch. Will gerade anfangen zu essen …

Tochter ruft aus dem Bad:

„FEEERTIG! Kannst abwischen kommen!"

Mein Sohn weint, weil ich ihm die falschen Vornflakes in seine Schüssel geschüttet habe.

Ich: „PSSST! Mama wacht sonst auf. Ich komme gleich, muss noch kurz deiner Schwester helfen. Welche Cornflakes willst du denn?"

Sohn: „Die schwarzen."

Ich: „Die sind leider leer."

Mein Sohn heult jetzt lauter, der Hund stimmt wieder mit ein.

Tochter: „PAAAPPPA, wann kommst du endlich?"

Ich: „Gleich, fang doch schon mal an."

Sohn: „Ich will doch Toast."

Ich: „Richtig. Okay, ich muss nur kurz zu deiner Schwester …"

Tochter: „Papa, ich habe irgendwie Kacka an den Fingern."

Ich gehe ins Schlafzimmer: „Schatz, HILLLLFEEEE!"

Sie: „Ich komme gleich, mein King."

So erleichtert war ich noch nie.

ARCHIES TOP 3

DIE SCHLECHTESTEN VÄTER DER WELT:

★ Josef Fritzl

★ Joseph Goebbels

★ Darth Vader

GEHEIMNISSE, DIE DU GEGENÜBER DEINEN KINDERN FÜR DICH BEHALTEN SOLLTEST:

★ Der Weihnachtsmann ist dein angetrunkener Onkel.

★ Deine gemalten Bilder sind hässlich.

★ Ich bin dein Vater, wahrscheinlich.

WIE MAN DIE GROSSELTERN SINNVOLL NUTZT — UND RICHTIG SPASS DABEI HAT:

★ Schicke deine Eltern/Schwiegereltern mit deinen Kindern in den Zoo. Zieh dir ein Gorillakostüm an und erschrecke sie von hinten, während sie sich die Affen ansehen.

★ Gib deine Kinder bei deinen Eltern/Schwiegereltern ab mit den Worten: „In einer Woche kann schriftlich ein Abholtermin beantragt werden, dem ich wahrscheinlich zustimme."

★ Drücke deinen Kindern eine Packung Buntstifte in die Hand und sag: „Die Karotapete bei Oma und Opa muss noch ausgemalt werden."

PRO-CONTRA-LISTE

Überwachungskamera im Kinderzimmer – Ja oder Nein?

PRO

- *In* jedem *Kinderzimmer* mindestens *eine!*
- *Da gibt es doch nichts zu überlegen, schließlich war Überwachungstechnik noch nie so günstig.*
- *Bei dem schlechten Fernsehprogramm ist mir jede Ablenkung recht.*
- *Klar, ich will dabei sein, wenn meine Tochter ihre ersten Schritte macht.*

CONTRA

- *Kinder brauchen ihren Freiraum! Heimlich das Zimmer zu durchsuchen muss reichen.*
- *Die Kinder sollen wissen, dass wir ihnen vertrauen. Und alles Wichtige steht ja ohnehin in den Tagebüchern.*
- *Das Kinderzimmer muss ein geschützter Ort sein. Eine fest installierte Kamera wäre da eine unverzeihliche Grenzüberschreitung. Außerdem genügen kleine Erkundungsflüge mit der Überwachungsdrohne. Positive Nebeneffekte: geringerer Investitionsaufwand und keine aufwendigen Bohr- und Kabelverlegearbeiten.*
- *In Zeiten von Instagram & Co. genügen ein paar Fake-Profile zur minutiösen Überwachung auch außerhalb des Kinderzimmers.*

Kurz berichtet

Zu-Bett-geh-Rituale

Mona: „Ben, ich liebe dich."
Ben: „Mona, ich dich auch –
UND JETZT RUHE IM KARTON!"

Lügen haben kurze Beine

Es gibt so ein Alter, da können Kinder noch nicht lügen. Das ist praktisch. Meistens jedenfalls ...
Bei uns gilt die Regel, dass die Kinder nur am Wochenende einen Film gucken dürfen. Sonst fragen sie jeden Tag, und das nervt.
Es ist Donnerstag. Ich komme von einer Tour nach Hause, die Kids und ich sind k.o.
Ich: „Kommt, jetzt gucken wir mal einen Film."
Mona „Ist schon Wochenende?"
Ich: „Nein, aber wir können doch heimlich einen Film gucken."
Mona und Ben: „Jaaaaa, heimlich gucken!"
Sie tanzen durch die Wohnung und freuen sich, während ich den Laptop hole. Zwei Minuten später ruft meine Frau an. Wir telefonieren über Lautsprecher.
Sie: „Gute Nachrichten, ich habe schon Feierabend und komme jetzt nach Hause."
Ben: „Das geht nicht."
Sie: „Wieso?"
Er: „Weil wir erst noch heimlich einen Film gucken wollen."

PEINLICHE ELTERN

Bevor ich Vater war: An einem Sommertag vor etlichen Jahren bin ich zusammen mit meinem Bauchredner-Kollegen Tim Becker in einer Ferienanlage an der Ostsee gebucht. Wir versuchen, unseren Soundcheck auf der Bühne zu machen. Was gar nicht so leicht ist, weil sich vor der Bühne eine Horde Kinder versammelt, um eine Disco zu veranstalten. Die Animateure tanzen vor, die Kinder versuchen es ihnen nachzumachen. Egal, wie gut eine Comedyshow ist, an eine Kinderdisco reicht sie nicht heran. Zumindest für einen außenstehenden Zuschauer. Die Eltern sehen das nicht so, zu „Und ich flig, flieg, flieg, flieg wie ein Flieger …" klatschen sie konzentriert und fleißig im Takt mit.

Ich hasse Kinderdiscos. Nicht nur wegen der Scheißmusik, sondern auch, weil die Eltern sich völlig danebenbenehmen. Sie tun geradeso, als wäre es ein Wunder, dass ihr Kind auf einem Bein hüpfen kann. Sie jubeln gerührt nach jedem Lied, als hätte ihr Nachwuchs soeben den Oscar verliehen bekommen. Viele stehen daneben und filmen das ganze Übel auch noch mit. Fotos machen sie sowieso wie die Bekloppten. Aber nicht, um ihre Kinder später mal damit zu erpressen. Einfach nur, weil sie wahnsinnig stolz sind, dass ihre Kinder nicht umfallen.

Für mich unbegreiflich, zumal ich zu diesem Zeitpunkt noch keine Kinder habe.

Zehn Tage lang touren wir durch verschiedene Ferienanlagen und in jeder davon läuft während unseres Soundchecks die gleiche Kinderdisco mit den gleichen Liedern in der gleichen Reihenfolge mit den gleichen peinlichen Eltern.

Nicht an *allen* Tagen: Am vierten Tag unserer Tour fällt die Kinderdisco aus. Ihr könnt euch nicht vorstellen, was das für einen Aufstand gab. Kinder heulten, Eltern wurden laut.

Es herrschten kriegsähnliche Zustände, wegen einer beschissenen abgesagten Kinderdisco in einer beschissenen abgewrackten Ferienanlage. Nur mit Müh und Not konnte verhindert werden, dass UN-Friedenstruppen mit Panzern und Hubschraubern anrückten.

Die Einzigen, die sich über den Ausfall freuten, waren Tim und ich. Aber natürlich haben wir uns nicht getraut, es laut auszusprechen. Lynchjustiz kann ziemlich schmerzhaft sein.

Jahre später hatte ich mich an die Kinderdiscos gewöhnt, ja, ich hatte sie schon fast liebgewonnen. Unterbewusst sang ich alle Lieder mit.

Sechs Jahre später:

Ich fahre mit meiner Familie die erste Ferienanlage an, denn ich darf meine Lieben kostenlos mitnehmen. Ich freue mich darauf, ich muss nur eine Show pro Tag spielen und heute habe ich sogar frei.

Zum ersten Mal seit Langem überkommt mich ein Gefühl der Zufriedenheit, weil ich in diesem Jahr mit meiner fünf Jahre alten Mona schon eine Woche im Krankenhaus verbringen musste, wegen ihrer epileptischen Anfälle. Das war ein emotionaler Ritt mit Höhen und Tiefen, allerdings mit mehr Tiefen als Höhen. Die Anfälle sind zwar nicht lebensbedrohlich, aber sie lösen eine enorme Angst bei ihr aus und die hemmt ihre Entwicklung.

Mittlerweile ist es Abend und wir gehen etwas essen. Wir hatten einen schönen Tag mit Anlage-Erkunden und Zum-Strand-Gehen. Wir haben gerade unser Essen bestellt, da fängt neben uns die Kinderdisco an zu dudeln. Ich überlege noch, ob es Sinn macht, sich die Serviette ins Ohr zu stecken, da springt Mona auf und rennt zur Musik. Sie guckt neugierig zu und lacht. Die Musik und die anderen Kinder reißen sie irgendwie mit, denn keine zwei Minuten später ist sie mittendrin und tanzt. Dabei strahlt sie übers ganze Gesicht.

Und ich vergesse für einen Moment all die Probleme der letzten Zeit und freue mich einfach mit ihr. Ich bin sehr stolz auf sie. Ich ermutige sie nach jedem Lied, weiterzumachen. Ich bin wie in Ekstase. Es ist eine Mischung aus Vaterstolz und Glücklichsein. Ich rufe ihr sogar zu: „Bravo! Super!"

Erst jetzt realisiere ich, welchen Entwicklungsschub sie in letzter Zeit gemacht hat, denn sie kann sogar auf einem Bein hüpfen, ohne dabei umzufallen. Ich hole mein Handy raus, das muss ich filmen. Ich filme und filme, bis meine Frau kommt, mir das Handy aus der Hand reißt und sagt:

„Archie, hör auf! Du benimmst dich superpeinlich."

Meine Tochter und ich gehen den kompletten Urlaub hindurch jeden Abend heimlich zur Kinderdisco. Und ich bete jeden Tag, dass sie auch wirklich stattfindet.

ARCHIES TOP 3

DINGE, DIE DU VOR DER GEBURT NOCH ERLEDIGEN SOLLTEST:

★ Schlafen.

★ Bewusst allein auf die Toilette gehen.

★ Für einen Tag im Kindergarten hospitieren, sich hundert Fragen stellen lassen. Nach Hause gehen, sich den Rest des Tages ins Bett legen und die Ruhe genießen. Dieses Gefühl abspeichern.

LUSTIGE AUSSAGEN MEINER KINDER:

★ „Jaaa, Papa, ich habe mir die Hände gewaschen. Wallah, ich schwöre!"

★ „Bist du fertig?" – „Nein, die Wurst hängt noch am Po."

★ „Heute gehe ich nicht in die Kita, es ist Samstag." – „Nein, es ist Mittwoch." – „Nein, Samstag und basta!"

PRO-CONTRA-LISTE

Braucht ein Kind viel Liebe?

PRO

- *Ja, so viel, bis es voll ist, und noch ein bisschen mehr.*
- *58% Liebe, 38% Wissen und 7% solide Mathekenntnisse.*
- *Die stärkste Bindung ist die innere Verbundenheit. Wenn dir die gelingt, musst du dein Kind nie anketten.*
- *Nenn dein Kind am besten „Amor" und kauf ihm einen Schwan.*
- *Liebe ist wichtig. Kauf lieber drei Päckchen zu viel. Im Kühlschrank zwischen zwei und acht Grad lagern.*
- *Liebe, Vitamine und ab und zu Machtdemonstration der Eltern. In dieser Reihenfolge.*
- *Ich fordere bedingungslose Mindestliebe für alle!*

CONTRA

- *Nicht, wenn man will, dass sein Kind später die AFD wählt.*
- *Um Rechtsanwalt zu werden, braucht man keine Liebe.*
- *Bei zu viel Liebe besteht die Gefahr, davon erdrückt zu werden.*
- *Kauf deinem Kind eine Reggae-CD, das müsste reichen.*
- *Nur so viel, dass es gut zum Leben reicht.*

Kurz berichtet

Gendergerechtigkeit

Wir Männer verändern uns auch, wenn
Kinder in unser Leben treten, und das,
obwohl wir sie nicht austragen. So
nehmen werdende Väter im Durchschnitt
sechs Kilogramm zu. „Couvade-Syndrom"
nennen Wissenschaftler dieses Phänomen.
Ein Kumpel von mir hat daraus einen
Selbstversuch gemacht. Er brachte es sogar
auf zwölf zusätzliche Kilo! Kein Wunder:
Seine Frau bekam Zwillinge.
Ich weiß nicht, wie viel ich zugenommen
habe. Aber Judith neulich, als ich dusche:
„Du hast ja mittlerweile Brüste wie ich
mit zwölf."
Ich: „Wirklich?!"
Sie: „Quatsch, solche Titten hatte ich
erst mit 15."
Damit hat sie mich auf jeden Fall dazu
motiviert, abzunehmen. Ich gehe joggen und
ernähre mich gesünder. Judith lässt nicht
locker und erhöht die Motivation noch,
indem sie mir von einem Artikel erzählt,
in dem es heißt, der Penis wirke größer,
wenn man einen flachen Bauch habe. Ich
bezweifle das! Ich habe noch nie den Satz
gehört: „Schatz, zieh mal den Bauch ein!
... Boa, der ist ja RIESIG!"
Trotzdem spornt es mich an. Nach drei
Wochen lasse ich mir das Ergebnis von der
Waage bestätigen: vier Kilo weniger!
Judith: „Archie, man sieht sogar in deinem
Gesicht, dass du abgenommen hast."
Ich, scheinheilig stolz: „Quatsch ...
Wirklich?!?!"
Judith: „Ja, eindeutig. Du guckst so
hungrig."

Kohle gegen Handschellen

Als ich Kind war, habe ich schon den Humor meines Vaters aufgesaugt. Mein Vater hat in England zum Beispiel mal wegen Falschparkens einen Strafzettel bekommen. Er hat daraufhin die Scheine, die er hätte bezahlen sollen, fotografiert und das Foto zur Polizei geschickt. Die hat ein Foto mit Handschellen drauf zurückgeschickt. Und dann kamen wir nach Deutschland.

Wenig Zeit

Wenn man ein Kind hat, hat man wenig Zeit füreinander. Frag doch mal in deinem Bekanntenkreis herum, ob sich jemand bereit erklärt, für einen Abend auf deine/n Partner/in aufzupassen.

Kommen wir jetzt zum

GROSSEN ERZIEHUNGSTEST!

Hier kannst du sehen, wo du als Elternteil stehst.

DER GROSSE ERZIEHUNGS-TEST

1

WAS TUST DU, WENN DEIN KIND ANGST HAT VOR GESPENSTERN?

A Das können reale Geister aus anderen Welten sein, ich kommuniziere also mit ihnen und sage ihnen, dass sie mein Kind in Ruhe lassen sollen. ◯

B Ich erkläre ihm, dass es Gespenster nicht gibt, im Gegensatz zu sozialem Abstieg. ◯

C Ich kaufe ihm Pfefferspray, damit es sich sicherer fühlt. ◯

D Ich ziehe mir ein weißes Bettlaken über den Kopf und laufe jaulend meinem Kind hinterher. ◯

2 **DEINE TOCHTER KOMMT BESOFFEN NACH HAUSE, WIE REAGIERST DU?**

A Ich erkläre ihr, dass Alkohol dem Körper schadet und sie lieber Marihuana rauchen soll. ◯

B Ich gebe ihr Hausarrest und lasse sie einen Vortrag halten zum Thema „Die Wirkung von Alkohol". ◯

C Ich halte ihr beim Kotzen die Haare. ◯

D Ich freue mich, dass wir endlich zusammen trinken können. Vielleicht auch nur deshalb, weil ich gerade nicht nüchtern bin. ◯

3 **DEIN SOHN ZEIGT ÖFFENTLICH STOLZ SEINEN PENIS, WIE REAGIERST DU?**

A Wenn er damit fertig ist, helfe ich ihm, seinen Wickelrock wieder anzuziehen. ◯

B Hausarrest und Keuschheitsgürtel. ◯

C Ich stelle mich daneben und packe meinen aus, um von seiner Peinlichkeit abzulenken. ◯

D Ich erkläre ihm, dass da noch ein paar Zentimeter fehlen, um wirklich stolz darauf sein zu können. ◯

4 SIND PENDELKINDER SCHLECHTER DRAN?

A Das kann man vorher nicht wissen, außer, man befragt das Pendel. ◯

B Im Gegenteil, ich denke sogar, besser. Denn ohne die Streitigkeiten mit meinem Partner kann sich mein Kind viel besser bei den Hausaufgaben konzentrieren. ◯

C Ich mache es ihm so leicht wie möglich: Ich bin ins gleiche Haus gezogen, in die gleichgeschnittene Wohnung direkt darunter, und ich habe das Kinderzimmer komplett nachgekauft. Es weiß quasi gar nicht, dass es woanders ist. ◯

D Nicht, solange sie sich nicht verfahren. ◯

5 SOLLTE ICH MEINEM KIND ANTIBIOTIKA GEBEN?

A Niemals! Die Antwort versteckt sich doch schon im Namen: ANTI. ◯

B Wenn die Leistungsfähigkeit meines Kindes nachlässt, ja. ◯

C Ich gebe meinem Kind schon immer präventiv eine kleine Menge ins Essen. ◯

D Ich lasse meinem Kind welche verschreiben, brösele sie aber in meine Zigaretten. ◯

6 SIND DOKTORSPIELE NORMAL?

A Natürlich, wobei das bei uns „Heilpraktiker und Patient" heißt. ◯

B Klar, eine super Möglichkeit, spielerisch Latein zu lernen. ◯

C Wenn die Kinder einen Mindestabstand von einem Meter einhalten, klar. ◯

D So sind schließlich meine Kinder entstanden. ◯

7 DEINE KINDER STREITEN. WANN MUSST DU EINSCHREITEN?

A Ich warte ab, bis es vorbei ist. Ich gehe in der Zeit in den Garten und ernte ein paar Heilkräuter für den Beruhigungstee. ○

B Wenn die Diskussion über Wirtschafts-ethik doch mal zu hitzig wird. ○

C Am besten kurz vor dem Streit. ○

D Wenn die Polizei anklopft. ○

8 DEIN KIND WILL SICH PIERCEN LASSEN, WIE REAGIERST DU?

A Ich hole eine Nadel, halte sie kurz übers Feuerzeug und lege los. ○

B Enterbt. ○

C Ich gehe mit zum Händchenhalten und hoffe, dass ich nicht ohnmächtig werde. ○

D Ich öffne meine Hose und zeige ihm stolz *mein* Piercing. ○

9 SOLLTEST DU AUF DEM SPIELPLATZ RAUCHEN, WÄHREND DEIN KIND SPIELT?

A Allerdings nur Selbstangebautes, man muss Vorbild sein. *#wenneskeinanderertut* ◯

B Ist das eine Fangfrage? Mein Kind geht nicht auf Spielplätze. ◯

C Wir spielen immer zusammen, da hätte ich gar keine Zeit zu rauchen. ◯

D Nein. Ich warte lieber, bis ich mit meinem Kind im Auto bin. ◯

10 AB WANN MÜSSEN ELTERN AM KINDERZIMMER ANKLOPFEN?

A Bei uns gar nicht, wir wohnen alle in einem Zimmer. ◯

B Wenn mein Kind gestaltungsfreie Zeit hat. Also dienstags zwischen 17:00 und 17:30 Uhr. ◯

C Ich klopfte schon auf meine Frau, als sie schwanger war. Schließlich können Babys bereits im Mutterleib hören. *#werhörenkannhatauchrechtauf-privatsphäre*

⭘

D Wenn mein Kind anfängt, zu onanieren/masturbieren.

⭘

11 WELCHE ROLLE SOLLTE HUMOR IN DER ERZIEHUNG SPIELEN?

A Lachen ist total gesund. Jeden Dienstag treffen wir uns zur gemeinsamen Lach-Meditation.

⭘

B Humor beeinflusst negativ! Meine Tochter hat nur einmal gelacht – als sie etwas Verbotenes tat.

⭘

C Zu dolles Lachen kann zu Rippenbrüchen führen.

⭘

D Bei uns ist jeder Tag wie der 1. April. Ich wecke meine Kinder mit einem Eimer Wasser, um dann zu filmen, wie sie im Bad auf der Seife ausrutschen.

⭘

12 DEIN KIND IST IN HUNDEKACKE GETRETEN. WAS TUST DU?

A Die Kacke abkratzen, mit nach Hause nehmen und als Dünger verwenden. ○

B Ich warte, bis es seinen Schuh wieder sauber gemacht hat. Sollte es sich weigern, drohe ich damit, dass sein „Nach-dem-Fechtkurs-Eis" gefährdet ist. ○

C Ich nehme mein Kind aus Sicherheits-gründen sofort auf den Arm, der Hund könnte noch in der Nähe sein. *#unfallstatistikenlügennicht* ○

D Ich gratuliere ihm: Hundekacke bringt Glück. Ich hoffe, dass ihm noch ein Vogel auf den Kopf kackt. Dann gehen wir anschließend Lotto spielen. ○

13 AN WEN KANN ICH MICH IN SCHWIERIGEN ZEITEN WENDEN?

A An meine Kinder, denn ich habe eine so tiefe emotionale Bindung zu ihnen. ○

B Ich hatte im letzten Jahr so eine Zeit. Der Durchschnitt meines Kindes rutschte auf 1,4 runter. Ich habe mich an die Lehrerin gewandt, also, an die *Lehrer.* ◯

C Ich opfere mich absolut freiwillig und supergern und immer komplett für meine Kinder auf, ich brauche nichts. ◯

D An meinen Kiosk. Ein Bier halbiert das Problem, zwei Biere dritteln das Problem. Fünf Biere lösen ein Problem – und fügen ein neues hinzu. ◯

14 WANN SOLLTEN KINDER MIT DREI JAHREN INS BETT?

A Wenn die Sonnenuhr anzeigt, dass es Schlafenszeit ist. ◯

B Nachdem ich die Hausaufgaben kontrolliert habe. ◯

C Wann sie einschlafen ist mir völlig egal, Hauptsache, sie wachen wieder auf. ◯

D Morgens um acht Uhr, dann habe ich den ganzen Tag über Ruhe. ◯

15 DARF ICH MEIN KIND ZUR BESTRAFUNG SCHLAGEN?

A Mein Kind bestimmt, von wem es geschlagen wird, es führt ein selbstbestimmtes Leben. ◯

B Nur im Notfall, höchstens zwei- bis dreimal die Woche. Noch effektiver: dreimal hintereinander die neue Helene-Fischer-CD vorspielen, das hinterlässt nur seelische Spuren. ◯

C Auf keinen Fall solltest du dein Kind schlagen, nicht mal im Mensch ärgere Dich nicht. Kinder sind so zerbrechliche Wesen. ◯

D Es kommt darauf an, ob du ihm körperlich überlegen bist. ◯

16 SCHNULLER, JA ODER NEIN?

A Kautschukschnuller oder Baumrinde, klar! ◯

B Wenn dann ein Schnuller aus Beton, damit es schon früh lernt, sich durchzubeißen. ◯

C Vor allem in der Natur. Da schützt er nämlich davor, dass meinem Kind eine Biene in den Mund fliegt. ◯

D Meine Frau hat den Einkaufszettel so undeutlich geschrieben, unser Kind lutscht jetzt an einem Nagel. ○

17 WIE LANGE SOLLTE DEIN KIND SICH DIE ZÄHNE PUTZEN?

A So lange, bis es selbst mit einem guten Gefühl einschlafen kann. ○

B Mein Kind wird mal Zahnarzt, es weiß schon, was es tut. ○

C Bis die elektrische Zahnbürste anfängt zu piepen. ○

D Bis es 18 Jahre alt ist, dann ist es selbst für sich verantwortlich. ○

18 IHR SEID MIT DEM AUTO UNTERWEGS IN DEN URLAUB, EUER KIND SAGT NACH FÜNF MINUTEN, DASS ES MAL AUF TOILETTE MUSS. WAS TUST DU?

A Ich zeige ihm, wie man Schmerzen wegmeditiert. ○

B Ich sage ihm mit ruhiger, aber klarer Stimme, dass wir erst am Ziel anhalten und es die 865 Kilometer noch etwas lesen solle, um sich abzulenken. ◯

C Es soll laufen lassen, es trägt ja eine Windel. Nicht ohne Grund. ◯

D Ich gebe ihm eine Fanta, die es auf ex austrinken soll, um sie dann wieder aufzufüllen. ◯

19 DAS KINDERZIMMER SIEHT AUS, ALS HÄTTE EINE BOMBE EINGESCHLAGEN, WAS TUST DU?

A Ich säe gleichmäßig verteilt im ganzen Zimmer Samen aus, gieße sie und warte, bis Gras über die Sache gewachsen ist. ◯

B Mein Kind besitzt keine Spielsachen, sondern nur Lernmaterialien, und die sind IMMER an ihrem Platz. ◯

C Das ist ein untypisches Verhalten, ich lese erst mal in seinem Tagebuch nach, ob alles okay ist. ◯

D Ich gebe ihm eine Anleitung, wie man eine echte Bombe baut. Denn: kein Kinderzimmer, kein Aufräumen. ◯

20 SOLLTE DEIN ACHTJÄHRIGES KIND EIN SMARTPHONE BESITZEN?

A Da, wo wir wohnen, gibt es zum Glück sowieso keinen Empfang. ◯

B Klar, wir haben ihm alle Lern-Apps seiner Altersstufe runtergeladen. ◯

C Natürlich, das ist sooo praktisch. Sollten wir uns auf dem Spielplatz aus den Augen verlieren, schicken wir uns eine WhatsApp mit den Koordinaten. ◯

D Klar, so kann ich es morgens bequem vom Bett aus anrufen und Befehle erteilen, damit es rechtzeitig zur Schule kommt, und dann weiterschlafen. ◯

21 DEIN KIND IST AUF EINEN BAUM GEKLETTERT UND KOMMT NICHT MEHR RUNTER. WAS TUST DU?

A Ich rede meinem Kind gut zu und versuche, es von unten gut herunterzunavigieren, während ich meinen Glückskristall reibe. ○

B Nachdem es dort oben seine Hausaufgaben beendet hat, hole ich eine Leiter und es darf runter. ○

C Erst mal gebe ich mir die Schuld, weil ich es aus den Augen gelassen habe. Dann rufe ich die Feuerwehr und bete. ○

D Ich sage ihm, es solle laut miauen und auf die Feuerwehr warten. ○

22 WELCHES GEBURTSTAGS-GESCHENK EIGNET SICH FÜR DEIN SECHSJÄHRIGES KIND?

A Ein Stück Holz und ein Messer. Das ist wie ein Gutschein, nur umweltfreundlicher: Es kann sich daraus schnitzen, was es möchte. ○

B Ein Kochbuch auf Chinesisch, damit es die erlernte Fremdsprache auch im Alltag anwenden kann. ◯

C Eine Notfallpfeife und Reflektoren für den Schulranzen, damit es sich überall sicher fühlt. ◯

D Eine Stripperin, die mit den Kindern Topfschlagen spielt. Stripperinnen sind motivierter, wenn sie sich nicht ausziehen müssen. Zwei gute Taten auf einen Schlag. ◯

23 STOFFWINDEL VS. WEGWERFWINDEL: WELCHE IST BESSER?

A Gar keine, ich halte mein Kind ab. Das ist ganz unkompliziert, da wir sowieso den ganzen Tag draußen sind. ◯

B Das ist doch völlig egal, Hauptsache, die Kinder werden schnell trocken und fangen an zu lernen. ◯

C Stoffwindeln! In Wegwerfwindeln wurden Erdölrückstände gefunden. Das tue ich meinem Kind nicht an. ◯

D Ich bevorzuge Stoffwindeln, daraus kann man sich bei Bedarf leichter ein Kopftuch basteln. ◯

24 DEIN KIND IST HINGEFALLEN UND HAT SICH DAS KNIE AUFGESCHÜRFT, WIE REAGIERST DU?

A Ich gebe meinem Kind sofort Arnika-Kügelchen, sprühe ihm drei bis vier Stöße meines Einhornsprays in die Aura und praktiziere einen Heilungstanz. ◯

B Ich lasse die Wunde als Beweismaterial unbehandelt und verklage den Besitzer des Schotterwegs. ◯

C Ich binde das Bein mit meinem Gürtel ab und fahre sofort in die Notaufnahme. ◯

D Ich gucke meinem Kind tief in die Augen und sage: „Es tut mir leid, aber du wirst sterben." ◯

WELCHER ERZIEHUNGSTYP BIST DU?

Die Antwort findest du auf der nächsten Seite.

DIE TEST-AUSWERTUNG

DU HAST DICH HAUPTSÄCHLICH FÜR A ENTSCHIEDEN:

DU BIST EIN HIPPIE

Du meinst, dein Kind wird viel zu sehr beeinflusst von der bösen Werbeindustrie? Trotzdem hat es viele Freiheiten und darf fast alles selbst entscheiden? Herzlichen Glückwunsch, du gehörst zu den **HIPPIE-ELTERN!**

Es ist bewundernswert, wie konsequent du deine Werte vertrittst und sie auch vorlebst. Aber leg doch deinen Joint auch mal beiseite und betrachte die Dinge aus einer anderen Perspektive. Besuch mit deinem Kind „den Teufel", also das Internet, und guck, ob du dem nicht auch etwas abgewinnen kannst. Nur zur Info: Da gibt es Anleitungen, wie man sich Heiltinkturen selbst mixen kann, und Rezepte für erlesene Haschkekse. Noch ein kleiner Tipp: Egal wie naturverbunden du bist, wenn Freunde deines Kindes vorbeikommen, zieh dir bitte etwas an! Wenn nichts Zufall ist, dann ist es auch kein Zufall, dass du das hier jetzt in diesem Moment liest. Hör auf, ständig das Pendel nach der Zukunft zu befragen, gestalte sie selbst. Mach mal etwas Undenkbares und fahr am nächsten Wochenende mit deinem Kind in einen Freizeitpark. Du darfst auch selbstgemachtes Eis mitnehmen. Aber Achtung: Es könnten sich Nebenwirkungen einstellen, wie z. B. Lächeln, Spaßhaben, Herzrasen vor Glück ...

Bei Risiken oder Nebenwirkungen beachten Sie die Vorhersage oder fragen Sie Ihren Heilpraktiker oder Apotheker. Meine Vorhersage: Es wird ein unvergesslicher Tag.

DU HAST DICH HAUPTSÄCHLICH FÜR B ENTSCHIEDEN:

DU BIST EIN OBERLEHRER

Dein Kind wird deinen Ansprüchen nicht gerecht? Es spurt nicht ausreichend und macht manchmal sogar den gleichen Fehler zum zweiten Mal? Hier eine neue Info für dich: Es ist ein *Kind*. Kinder müssen Fehler machen, frech sein dürfen und auch manchmal keine Lust zum Lernen haben. Also, sei kein Arsch und mach dich mal locker, denn du gehörst eindeutig zu den **OBERLEHRER-ELTERN.** Dein Kind ist ein Mensch und keine Maschine, also leg das Hausaufgabenheft zur Seite und nimm es in den Arm. Aber Achtung: Es könnte sich gut anfühlen. Und sag ihm, dass du es liebst und immer lieben wirst, egal, was auch passiert. Außer, wenn es das Studium abbricht. Klar.

Vielleicht wird dein Kind mal Kioskbesitzer/in und nicht Wirtschaftsboss. Womit es glücklich sein kann. Noch glücklicher mit deinem Segen. Du kannst ihm ja zum Abschluss der Ausbildung trotzdem ein Auto kaufen.

DU BIST EIN **HELIKOPTER**

Du kontrollierst nachts oft, ob dein Kind noch atmet? Liest heimlich in den Tagebüchern deiner Kinder, wie es ihnen geht, und siehst Unfälle schon lange, bevor sie passieren?

Kommt dir das alles bekannt vor? Kein Wunder, denn du gehörst zu den **HELIKOPTER-ELTERN.**

Du liebst dein Kind über alles und würdest ALLES für es tun. Entspann dich mal, denn durch deine Fürsorge richtest du auf Dauer mehr Schaden an, als zu helfen.

Du willst, dass dein Kind später mal glücklich ist?

HIER EIN PAAR TIPPS:

1. *Wenn du denkst, du müsstest dich einmischen: LASS ES.*

2. *Gib dir einen Ruck, und lass dein Kind mal ohne Helm Trampolin springen und genieß den Adrenalinschub.*

3. *Wenn dein Kind dreißig Jahre alt ist und immer noch zu Hause wohnt, zieh das Pflaster mit einem Ruck ab. Das Vögelchen hat schon Flügel und weiß auch, wie man sie benutzt. Schubse es aus dem Nest, es wird fliegen.*

DU HAST DICH HAUPTSÄCHLICH FÜR **D**ENTSCHIEDEN:

DU BIST EIN IDIOT

Herzlichen Glückwunsch, du bist ein Idiot und hast keine Ahnung von Kindererziehung. Du bist wahrscheinlich ein liebenswerter Mensch. Schaff dir trotzdem am besten bitte keine Kinder an, sondern vorläufig lieber ein Haustier oder noch besser: eine Topfpflanze. Falls du Kinder in der nahen Verwandtschaft hast, biete nie an, auf sie aufzupassen.

HIER EIN PAAR TIPPS für Ausreden, falls du trotzdem gefragt wirst:

1. *„Das mache ich sehr gerne, dann habe ich endlich jemanden, mit dem ich ‚Fifty Shades of Grey' gucken kann."*

2. *„Experimentieren eure Kinder eigentlich schon mit Drogen rum? Ich habe da noch Restbestände."*

3. *„Schade, an dem Tag habe ich schon was vor." Falls sie nachfragen, einfach auf den Boden legen und totstellen.*

Genieß dein kinderfreies Leben und such dir ein erfüllendes Hobby, wie Plastikpflanzen züchten.

UND NICHT VERGESSEN: Halte mindestens hundert Meter Abstand zu jeder Schule und zu jedem Spielplatz.

DANKSAGUNG!

Jeder gute Freund weiß: Wenn ich über ihn/sie einen Witz mache, bedeutet das große Zuneigung. Auf geht's ...

Danke an meine Eltern für eine tolle und unbeschwerte Kindheit. Auf dass ihr mich mit diesem Buch für alle Frechheiten meiner Jugend noch nachträglich verprügelt.

Danke Judith und unseren mittlerweile drei wundervollen Kindern, ihr seid der Wahnsinn. Ich bin froh, dass es euch gibt, denn ohne euch wüsste ich gar nicht, wie wichtig Schlaf eigentlich ist.

Ein dickes Danke geht an Andrea Hieronymus-Eichhorn. Du bist eine tolle Autorin, mit dir zusammen habe ich die „Archies Tagebuch"-Geschichten erarbeitet. Ohne dich würde es dieses Buch nicht geben! Beschwerden also an sie.

Oliver Schröter, du bist ein großartiger Schreiber, der auch konzeptionell sensationelle Arbeit geleistet hat! Deine Ideen sind der Hammer. Ich denke, spätestens in der Nervenklinik, wirst du Zeit finden, dieses Buch komplett zu lesen.

Danke Thomas Lienenlüke, du hast mich bei einem Kapitel so eingehend beraten. Welches, wird nicht verraten, die anderen sollen ja denken, dass du es drauf hast.

Danke Ariane Ossowski und Nina Schnackenbeck, ihr seid das beste Lektorinnen-Duo, das ich mir nie gewünscht habe. Zwar sind eure Nachnamen prädestiniert für einen Lesbenporno, ihr seid es gewiss nicht. Und das meine ich als Lob, denn ihr habt es drauf!!!

Danke Nicola Einsle, du hast für dieses Buch einen Verlag gefunden. Du hast mich super betreut und warst immer erreichbar. Du hast bereits einigen Autoren einen Verlag gesucht. Ohne dich wären so bekannte Bücher wie: „Leinsee", „Radio Heimat" und „Mein Kampf" gar nicht veröffentlicht worden.

Danke Eckhard von Hirschhausen, der diese Danksagung geschrieben hat, ich habe sie gern und in stilvoller Erwartung in deine Hände gegeben.

Archie Clapp entstammt einer deutsch-englischen Künstlerfamilie und stand schon als Kleinkind erstmals mit seinen Eltern auf der Bühne. Nach der Schule absolvierte er die Staatliche Artistenschule in Berlin. Nach den ersten Erfahrungen als Straßenkünstler, im Zirkus und Varieté hat er sich in jüngster Zeit zu einem gefragten Stand-up-Comedian und Moderator gemausert, u.a. im Quatsch Comedy Club in Berlin, bei Nightwash live oder in der Schmidt Mitternachtsshow. Sein Soloprogramm spielt er mittlerweile in bekannten Kabarettheatern in ganz Deutschland. Außerdem konnte er bereits diverse Preise gewinnen, unter anderem den NDR Comedy-Contest und den Paulaner Solo.